中日历史问题译丛

·中日历史问题译丛·

中日历史问题译丛

The Spirit of Lawyers

律师之魂

〔日〕土屋公献 / 著
王希亮 / 译
聂莉莉 / 审校

社会科学文献出版社
SOCIAL SCIENCES ACADEMIC PRESS (CHINA)

Bengoshidamashii by Kohken Tsuchiya
Copyright 2008 by Gendai Jinbun-sha Co, Ltd
Chinese translation rights arranged by directly with Gendai Jinbun-sha Co, Ltd

《中日历史问题译丛》序言

2006年12月，中日两国历史学者开始了由政府间达成共识的共同历史研究工作，其目的是为了突破由于历史问题给两国关系造成的障碍。

在中日两国关系的发展中，至今仍存在一些重要的障碍。历史问题，主要是历史认识问题，则是最敏感和关键的障碍之一。作为一衣带水的邻邦，中日两国间有着两千多年交往的历史，其中以友好往来为主流。虽然这种友好往来拉近了中日两国间的距离，但近代以来由于发生了日本侵华战争那样的不幸，两国间的距离又开始拉大。当然，战争已经是半个多世纪以前的历史，问题是在冷战开始后，日本极端民族主义思潮开始抬头，一些人同战前一样把战争定位在"自卫战争"及"亚洲民族解放战争"的性质上，用所谓的"大东亚战争肯定论"掀起了战后为侵略战争历史翻案的浪潮。而且随着时间的推移，这种历史翻案浪潮有愈演愈烈的趋势。这一历史翻案浪潮甚至得到一些日本政治家的支持与纵容，违背了中日两国的共同利益，伤害了战争受害国人民的感情。这是造成中日两国间历史问题迟迟不能解决，以至于影响两国关系健康发展的根本原因。

不过，战后60多年来，中日关系中还存在另一个侧面，那就是致力于和平与发展，消除战争带来的负面影响。特别是中日邦交正常化以来，为谋求两国关系的和平友好与发展，为建立和平与繁荣的东北亚，为解决历史问题，两国政府和人民已经做了大量的工作。《中日联合声明》《中日和平友好条约》和《中日联合宣言》等政治文件，就是两国政治家付出艰辛努力的结果，也是对历史问题进行理智思考的结果。这一结果通过现在中日两国间战略互惠关系的深化得到了充分肯定，是两国关系长期健康稳定发展的基础。在这样的大背景下，对侵略战争的历史进行认真反省和谢罪的日本进步力量一直在努力。战后初期，以日本共产党为中心的左翼势力，主张从政治上彻底追究日本的战争指导者的责任并进行反省，并为此开展了十分活跃的左翼大众运动。自由主义知识分子，从民主主义的立场出发，对以军人为中心的国家及军队指导者进行了强烈批评，反省知识分子在战争中缺乏反对勇气迎合战争的态度，提出了"悔恨的共同体"概念。20世纪60年代中期以来，反对美国对越南战争的社会思潮又促使日本年青一代思考日本对中国战争的侵略性与加害性。从80年代开始直到今天，针对日本社会始终存在的不承认侵略战争责任和否认侵略战争历史事实的言论与行动，具有正义感和历史反省精神的日本人更没有停止思考与斗争。无论从政治的立场，还是从宗教的立场、市民主义的立场及女权主义的立场，都存在对日本战争加害责任进行追究的思考与活动。这是促进中日历史认识问题解决的积极因素。

对前一种否认侵略战争责任的历史认识，我们要毫不妥协地表明不允许对侵略战争的历史进行翻案的立场，因为这是与战争历史相关联的斗争层面的问题。当然，我们强调牢记历史的目的绝不是在延续仇恨，而是要以史为鉴、面向未来，让中日两国人民在和平的环境中世世代代友好下去。而对日本社会思考与反省侵略战争历史的活动，则应当充分肯定其对日本社会政治、法律、伦理道德不同层面产生的影响，不过，由于不同的立场对战争责任的认识程度有所差别，表现形式千差万别，其内部有时还有十分激烈的争论，把握其整体情况并不容易。历史认识是一个复杂问题，即使在同一个国家内部，涉及地域、利益、感情等诸多因素，对某一历史问题的认识都可能存在差异；而在对战争被害与加害具有完全不同体验的两个国家的人民之间，历史认识的差异可能就更大。无论从政府间还是民众层面思考历史认识问题，都需要我们冷静看待不同国家历史发展过程中客观存在的差异性。对战后日本在历史认识问题上存在着多元化的状况，对不同的社会集团、不同的社会层面对历史问题认识上的差异，我们需要全面完整地了解，只有在充分了解的基础上，充分发挥积极因素的作用，才能推动共同历史研究的进展。

我们在中日共同进行历史研究过程中深切地感受到：近代中日两国各自都走过一段相当曲折的道路，深入了解对方对历史和现在的认识，依然是十分重要的任务。如果说直至近代初期，中日两国间还可以通过"笔谈""览其名胜，阅其形势，询其民物，溯其肇始，悉其沿革"，甚至一起吟诗作歌、相互唱和的话，那么，进入近代社会以来，中日之间仅用这样的交流方式则已经不可能了。特别是在思想认识方面，这种原始的交流很难实现深层的沟通。这是因为，近代的中日两国不仅在政治方面，而且在文化方面也走了不同的道路，语言文字都有"异化"的过程。面对这一现实，为了了解战后日本在历史认识方面的多元化状况，我们一定要潜下心来，深入研究对方。所以我们认为有必要在中日历史研究领域里，通过学术著作的翻译出版建立一个相互了解进而达到相互理解的平台。

第二次世界大战结束后，欧洲的民间与政府间在共同进行历史研究乃至共同编写历史教科书方面的积极努力，取得了许多令人鼓舞的成功经验。欧洲的经验证明：开展共同的历史研究与创造良好的国际政治关系是相辅相成的。当然，欧洲的实践已经进行了数十年，而东亚的实践现在刚刚开始，任务将非常艰巨。我们希望以中日共同进行历史研究为契机，通过历史学者的共同努力，特别是通过这一套丛书来逐步消除误解,深化相互理解,缩小历史认识上的差异,为发展两国关系创造有利的环境,将东亚的历史经验贡献于世界。让我们为实现这样的目标而努力。

中日共同历史研究中方委员会
2008年5月

中文版序

得知土屋公献先生（以下尊称省略）的自传将在中国出版，甚感欣喜。土屋是我非常尊敬的长者，希望他的作为能够为更多的国人所知。但是，当接到操持本书出版事务的一濑敬一郎律师及北京大学徐勇教授提出的撰写中文版序言的请求时，我犹豫了。为这样德高望重的人作序，是需要一定的学识和见地的，我自知达不到。另外，我与土屋的交往有限，只是基于自己对中国民众的日军细菌战受害研究为细菌战受害国家赔偿诉讼出庭做证，而得以与土屋在一些活动中同行，仅此恐怕难以把握全面。不过，我内心里也有着想借此机会深入了解一下土屋的念头。所以，尽管不才，我还是答应尝试着去追寻土屋的足迹、考察土屋的所为，再做出是否执笔的判断。

此后（因手头其他工作所迫，不得不搁置了一段时间以致延迟了本书的出版，深表歉意），我钻进地处霞关的律师会馆，翻阅日本律师联合会（以下简称"日律联"）的机关报《日律联新闻》和机关杂志《自由与正义》，查找关于土屋的报道，采访了一些熟知土屋的人士，如日文版序作者、土屋的老同学荒井信一，与土屋一起工作过的律师，在调查、事务、资金等各方面支援土屋所从事的战争受害诉讼的市民团体，与我同样为细菌战受害诉讼出庭做证的历史学者吉见义明，以及与土屋交往多年的原告团团长王选，还翻箱倒柜地找出了我所参加过的各种市民团体会议上土屋的发言记录，回忆起与土屋一起活动时的一幕幕情景，并且重读了这本《律师之魂》。

随着对土屋的人生经历以及他所从事的各种各样活动的了解，慢慢地，我感觉到逐渐接近了土屋那刚毅、严峻表情背后的理性内涵，开始理解他为什么总是以他独特的、简洁明了的语言执着、坚定地强调着一些不可动摇的原则：和平、人权、正义、在野。

从本书所叙述的土屋的经历中可以看出，这些原则，牵系着他最深刻的人生教训，是亲身经历了军国主义式的整体主义时代、体验了相互残杀的战场之后，反思历史而得的。这些原则深深地渗透到了他的意识当中，成为他战后全部人生实践的基本准则，是他从事作为本职工作的律师业以及追究政府的战争责任、维护和平等各项国际市民运动的真实动机。

土屋坚守着这些原则。他拒绝遗忘，如他在绪言里所说，"忘却战争历史事实本身，便是迈向下一次战争的第一步"。作为一个以法律为准绳的律师，他反对将原则相对化、模糊化，不厌其烦地驳斥着无论是于政府还是日本民间都存在的以各种历史背景、因缘为由为侵略战争开脱的说法。作为法律界的领头人，他始终保持着司法独立、依法监督权力机构、维护市民个人权利的警觉。同时，在实践这些原则时，土屋有着超越民族和国家的彻底性，他丝毫不含糊的信念是：人都是平等的。这也是他为什么会为中国受害者辩护，为居住在日本的朝鲜人和韩国人维权。并且，对违反这些原则的行为，无论其出自政府、维护政府立场的法庭，还是民间右翼势力，甚或日本人一般不会说"不"的美国政府，都会直言批评，表明自己的立场，直至在法庭上抗争。土屋直言不讳地表示，他是爱国者，纠正国家的错误、为自己的国家与其他国家之间的永久和平做些真正有意义的铺路工作，是他加给自己的责任。

在加深了对土屋理解的同时，我也意识到，土屋虽然独特，但并非独有。事实上，像他一样具有和平、人权、正义、在野的意识，并以自己的行动去实践的市民，在各行各业中都有。在日本存在许多以这些原则为活动宗旨的跨行业、跨地区的市民团体、非政府组织，跨学科的研究小组甚至全国性的学术组织。的确，就人数而论，这些人在总人口中是少数，影响范围有限，但是，他们忠实地发出自己想发出的声音，他们去做不是来自任何人的指令而仅是出于个人信念以为应当做的事。他、她、他们去发掘长眠于书库、资料馆中的或者刚刚被公开的历史资料，采访当年参战的日军将士等当事者，去亚洲各地访问受害者，召开讨论会、报告会，举办历史事实展，成立非政府、非营利团体与政府、国会议员等一次次地交涉要求公开历史资料、确立相关法律，等等。正是这样一个人一个人、一个团体一个团体的努力，使日本政府长期保持沉默或者矢口否认的战争犯罪，如"从军慰安妇"、细菌战、化学战、虐待屠杀俘虏、南京大屠杀、重庆无差别大轰炸、抓劳工、掠夺殖民地文化遗产等战争遗留问题的由来和过程的真相，得以从历史的尘埃中逐渐浮出。是他、她、他们基于这些历史事实，利用在民主制度下的活动天地，与否定侵略、否定战争犯罪、主张修改和平宪法的政治势力以及民间力量展开了长期的抗争和拉锯战。是他们用自己的行动，在曾经的加害民族与受害民族之间，甚至是加害者与受害者个人之间，建立起交流的桥梁，扩展了国际的草根连带关系。

土屋是这些市民当中的一员。他的反战、战争受害赔偿诉讼、维护和平等活动是与众多市民一同进行的。比如，以土屋为律师团团长的战争受害诉讼，先后有二百多名律师参加，得到由各行业市民参加的民间团体的支持和资助，有历史学、防疫学、法学、人类学等领域的学者和新闻工作者出庭做证。的确，不论是在战争受害赔偿诉讼的律师团内，还是在市民组织及和平运动的活动中，土屋的感召力都很大，总是充当着领导者的角色，但是，工作是投身于其中的参与者们共同做的，是每一个人出于自己的自觉意识的奉献。土屋的作用在于把大家的力量协调起来，使之更好地发挥出来。

经过了一段时间的考察和思考,我有一些感想要对中国的读者说,我决定接受一濑的请求。在此序言中,我想尽可能地不仅勾画出土屋的全貌,亦尝试着走近他的精神世界,以便读者跨越民族间的一些屏障,更深地了解他这个人。

而且,我还想介绍一下日文版序言作者荒井。他与土屋同样是经历了军国主义时期的一代人,作为历史学者,战时的亲身体验在战后就成为他审视历史的原点。而且,荒井同样是具有不妥协精神和责任感的。如果说,土屋是通过法、利用法来践行自己的历史责任的话,荒井则是通过历史研究来揭示真相、反思历史的进程,从而实现自己的历史使命。可以说,土屋和荒井,代表了日本市民在追究战争历史的真相、推动战后赔偿方面所起作用的两个不同侧面。从这个意义上,介绍荒井,有助于读者立体地把握土屋以及日本社会。

一 土屋公献的社会实践和精神世界

各界的追悼

土屋公献于2009年9月25日辞世。之后,日本各大报纸都刊载了追悼文,如《每日新闻》的《为了和平而奔波》(2009年10月21日)、《朝日新闻》的《反战的呼喊 直到临终》(2009年10月31日),连《读卖新闻》也载文《坚持"市民派律师"立场的硬骨头》(2009年11月28日)。从这些文章的题目就可以看出土屋的特点,作为律师,他牢牢地站在"司法为民"的立场上;作为战争的亲历者,他至死都在为反战、实现长久和平而思索和行动。

同年12月13日,"土屋公献先生追思会"在东京举行。数百名与会者来自各行各界,除了与土屋有过个人交往的外,许多人来自土屋生前参与活动的各个团体,亦有与土屋共同为战后赔偿立法而奋斗的国会议员等政界人士,还有些因道远不能赶来而发来了唁电。笔者也到会了，深感土屋社会影响之广，给人铭感之深。且将参加追思会或发来唁电的团体分类列举如下。

1. 日本律师联合会（土屋 1994~1996 年任会长）
   思考战后赔偿问题律师联络协议会
2. 日军细菌战受害诉讼原告团
   日军细菌战受害诉讼律师团（土屋任团长，1997 年起诉，2007 年最高法院判决败诉）
   重庆大轰炸诉讼原告团
   重庆大轰炸诉讼律师团（土屋任团长，2006 年起诉，现仍在审理中）
3. 反战市民之会（土屋任会长，1996 年成立）
   要求立法解决慰安妇问题会（土屋 1996~2008 年任会长）
   为战后处理谋求立法之法律家·知识人会（土屋任会长，1998 年成立，以下简称谋求立法会）
   清算日本战争责任国际协会日本委员会（土屋任代表，2003 年成立）
   不战士兵·市民之会（土屋曾在其集会上讲演，为机关杂志《不战》撰稿）
   ABC 企划委员会（杜绝原子·生物·化学武器委员会，是日军细菌战受害诉讼后援团体之一）
   争取制定战争受害调查会法市民会议
   在日韩国民主统一联合会
   朝鲜日军慰安妇及劳工受害者赔偿对策委员会

从名单可以看出，尤其到晚年，土屋将很大一部分精力用于追究战争责任、要求赔偿立法的和平事业上了。

追究战争责任、和平反战

土屋直接参与的战争受害赔偿诉讼主要是关于"从军慰安妇"、细菌战、重庆大轰炸等。

在基本上都是长达几年的各个诉讼的法庭论证过程中，为了清晰地阐释这些战争犯罪行为，土屋与其他律师、专家学者以及原告团一起，悉心摸索，逐步做到了对战争犯罪从计划、部队构成、作战实施到受害结果等全面地论证，既有整体性的把握，又在各个关键环节确切地拿出第一手史料以及推出当事人证言作为确凿证据。比如，关于细菌战诉讼，律师团最终做到了从六个方面论证：（1）细菌战实施的具体过程；（2）受害地区的受害详情；（3）细菌战加害行为与受害发生的因果关系；（4）原告所受到的损害；（5）细菌战的残酷性；（6）战后日本政府隐瞒战争犯罪的行为。

论证日军细菌部队加害行为时使用的历史资料来自多方面，其中有一些是诉讼进行期间新发现的。这些资料可以分为以下几个类别（参考一濑敬一郎《细菌战诉讼与松村证言》，《诉讼与历史学 从法庭看731细菌战部队》，现代书馆）。

1. 军事资料，包括军令、指示、书简、731细菌部队人名簿等。

2. 日军参谋、军医等细菌作战有关人员当年写的日记。其中，原陆军参谋本部作战课参谋、原中国派遣军总司令部负责731部队细菌战的井本熊男的日记是关键性的，对细菌战作战的过程有着详细的记载。

3. 抚顺战犯管理所、伯力审判受审的731部队战犯的供述。

4. 二战结束时美国4次派出的日军细菌作战调查团的报告书，记载了美国与日本之间——由日方提交全部细菌研制、施放技术，而美方不再追究细菌部队成员的战争犯罪责任——的交易条件等。美国的这种态度，造成了日本细菌战这一战争犯罪战后被长期隐瞒、无人追究的现实。

5. 医学工作者基于细菌部队所进行的包括人体实验在内的大量实验以及细菌实际施放结果而撰写的医学杂志论文、学位论文。

6. 731部队少年兵、参加细菌空中投放的空军飞行员的证言。

7. 细菌部队在中国各地的基地及设施的照片。

阐述受害状况时，除了依据受害者原告的证言，亦大量利用了多方面的历史资料。同样以细菌战受害为例，可以分为如下类别。

1. 受害当地报纸当时的报道。
2. 受害地区各级政府和卫生部门的文件、电报、防疫会议记录。
3. 负责鼠疫治疗的医师、检验员当时的报告和论文。
4. 国民政府防疫署、防疫队、疫区调查员的报告书。
5. 各地档案馆所藏各级政府的事后疫情调查报告。
6. 原告以及非原告受害者的陈述书。东京地方法院和东京高等法院的两次审理过程中，共采纳了原告法庭陈述40人次（含多次出庭者）。

土屋一丝不苟，作为律师团团长，他每次开庭都到场，在审判之后举行的例行街头抗议游行中，总是走在队伍的最前面。诉讼进行的关键环节，土屋往往亲自出面。比如，他登门访问了井本熊男，动员他出来为细菌战做证。日本政府一直没有正式承认细菌战这一战争犯罪事实，在法庭上作为被告的政府代表一直保持着沉默，所以请井本这位亲历了细菌战的旧日军参谋出庭做证就有着极为重要的意义。虽然最后因本书中所叙述的原因未能实现，但土屋亲访时得到的证言无疑对法官做出细菌战是由陆军中央及日本政府主使的这一判决产生了很大影响。

为中国的战争受害者辩护，土屋以为是自己责无旁贷的责任，他甚至拒绝了中国原告的真心感谢。他对原告们说："听到大家的感谢，我感到惭愧。请不要感谢我们，日本做了坏事不谢罪赔偿怎么行，这是很简单的道理。为受害者打官司，第一，作为律师是我应该做的。第二，作为日本人也是应该做的。反而是我们在借助你们的力量去清理日本历史上的问题。"王选说："听了土屋的话，我心里深受感动，从土屋那里，我感受到了真正的相互平等、尊重和为了一个共同目标而斗争的共鸣。"从形式上看，的确是日本律师在帮助中国受害者打官司，但是前者对后者，绝不仅仅是出于善意，也不是单向的帮助，二者之间是为了追究违反人道的战争罪责而携手的协作关系。王选甚至有着如释重负的感觉，土屋的话更加明确了这里不存在施恩与受恩的关系，从而无论内心存在怎样的深深感激之情，也不必过分地再为这份情感所累了。

土屋几次来中国，访问受害地，仔细听取受害者和原告的诉说，考察与这一历史事件相关的设施和遗迹。在浙江义乌崇山村（1942年秋396名村民死于日军散布的鼠疫），村里人热情招待，土屋及同行的日本律师、市民团体的成员就在原告的家里一起就餐。气氛融洽、愉快，土屋能喝酒爱吃肉，乡亲们高兴地说，看这个吃法，土屋能活一百岁哩。土屋对陪同的王选说："看看这些淳朴的中国人的脸，想到他们所受到的战争伤害，我的心里就很难过。我们所发动的战争怎么能伤害这样的一些人！"

土屋尊重人、亲近人的态度深得受害地中国民众的理解和赞许。常德人说，他们对土屋有着像对长辈一样的"依赖、敬重和爱护之情"。2002年，东京地方法院判决原告败诉后，率领律师团土屋第二次来到常德向当地汇报诉讼结果。常德人以自己的方式表达了对日本律师的敬意。首先在常德会战纪念碑前举行了祭奠仪式，然后在市工人文化宫举办了各界市民参加的报告会。隆重的场面令土屋感动，他报告时说："历来人们都只欢迎凯旋的将军，像我这样打了败仗的残兵（指细菌战诉讼败诉）是不光彩的。但是你们今天还这样地欢迎我们，真是让我过意不去。"（《常德晚报》2009年10月14日）从土屋的话里，常德人感受到了他那份超越历史鸿沟和文化差异的情感。

1998年，在细菌战诉讼展开不久，土屋与原告团及市民团体的代表一起访问了美国和加拿大的5座城市，在当地市民团体的协助下举办了日军细菌战罪行展以及证言集会。追究日本的战争罪责时进行广泛的国际合作，将历史上的战争犯罪问题国际化，是土屋一贯的立场。

持这种立场的根本在于，土屋的基本价值观是国际性、普世性的。他以为，战争遗留问题的处理，必须本着尊重人权这一普遍性的价值观念。

从这一立场出发，不仅是对细菌战，对战争期间其他违反人道的犯罪行为，比如"从军慰安妇"制度，土屋亦表现出了与国际社会的高度一致。他密切地注视着各个国家的受害者、非政府组织、政府，以及联合国各机构、国际律师协会等国际组织在"慰安妇"问题上的动向，积极行动与之呼应。

在担任日律联会长期间，他所发表的会长声明、各种会议上的讲话以及文章当中，多次引用了来自国际社会的批评和劝告，以敦促日本政府就"慰安妇"问题谢罪和制定相关法律进行赔偿。他尖锐地批评政府丝毫不为国际社会的呼声所动的态度，称之为"铁面皮"，警告说，如果一意孤行，坚持这种不正视历史的错误态度，将会贻误日本与周边国家的和平交往大业。1995年他率领日律联代表团参加了在北京举行的第四届世界妇女大会，做了批判日本政府现行政策的大会发言并提交了要求日本政府立法对受害者个人进行赔偿的提案。1996年他与其他律师、学者及市民一起组织了"要求立法解决慰安妇问题会"（以下简称"慰安妇问题会"），1998年又组织了"为战后处理谋求立法之法律家·知识人会"（以下简称"谋求立法会"）。这些团体广泛走访各国的"慰安妇"受害者，并与日本的国会议员及各政党就法律提案进行磋商，促成了后者向国会提交各种法案。

表1左侧是纳入土屋视野中的国际社会关于"慰安妇"问题的动向，右侧是土屋及相关团体的活动以及日本政界动向。土屋所领导的"慰安妇问题会"在会报上详尽地介绍国际社会对日本的批评、劝告（如2009年12月第44期），以期打破日本国民中普遍存在的封闭性的、单向的、抹杀侵略的历史观，唤起更多的市民对战争罪责的认识。

表1　国际社会与土屋及相关团体、日本政界关于
"慰安妇"问题的活动

时间	国际社会	土屋与相关团体的活动、日本政界动向
1991.12	韩国原"慰安妇"等在东京地方法院起诉日本政府	
1992.1		宫泽喜一首相访韩就"慰安妇"问题向卢泰愚总统"道歉"
1992.12	在日韩人原"慰安妇"在山口县地方法院起诉	
1993.4	菲律宾原"慰安妇"、在日韩人原"慰安妇"分别在东京地方法院起诉	
1993.6	韩国公布《支援日本统治期日军慰安妇生活法》	
1993.8		河野官房长官就"慰安妇"问题发表谈话《道歉与反省》
1994.1	荷兰原"慰安妇"在东京地方法院起诉	
1995.1		日律联提议通过立法及国际组织的仲裁解决"慰安妇"问题（之后4次向政府提议）
1995.8	中国原"慰安妇"在东京地方法院起诉 联合国防止歧视和保护少数小组委员会（通称"人权小组委员会"）决议，劝告日本政府对"慰安妇"进行国家赔偿	土屋率领日律联代表团参加在北京召开的第四届世界妇女大会
1995.10		日律联第38届拥护人权大会发表《战后50年和平人权宣言》
1995.11		土屋发表《对政府处理慰安妇问题的会长声明》

续表

时间	国际社会	土屋与相关团体的活动、日本政界动向
1996.2	联合国人权委员会发表特别调查员报告《对女性的暴力》,督促日本政府对"慰安妇"公开谢罪,对个人赔偿	土屋发表《关于联合国人权委员会战时军队性奴隶问题报告的声明》
1996.3	国际劳工组织(ILO)年度报告指出违反国际条约,劝告日本政府谢罪赔偿(之后8次劝告)	
1996.6		"设置战时强制受害者问题调查会法案"被提交参议院,未通过审议,废案
1996.12		"慰安妇问题会"成立,土屋任会长
1997.12		台湾当局对媒体露面的原"慰安妇"支付救济金,支持其对日诉讼
1998.3		韩国、中国台湾、菲律宾的立法机构成员及市民团体就"慰安妇"问题在东京集会,土屋为召集人
1998.4	韩国政府对原"慰安妇"支付补助金	
1998.8	联合国人权小委员会报告《日本政府对慰安所的法律责任》	
1998.9		谋求立法会成立,土屋任会长
1999.2	菲律宾国会下院要求日本国会制定对"慰安妇"的赔偿法	
1999.7	台湾地区原"慰安妇"在东京地方法院起诉	

续表

时间	国际社会	土屋与相关团体的活动、日本政界动向
1999.8	联合国人权小委员会决议指出关于性暴力的个人请求权及国家责任不因两国间的协定而无效和终止	
1999.12		"关于战争犯罪与战后补偿的国际市民集会"在东京召开,土屋为大会执行委员长
2000.1	香港立法会决议要求日本对"慰安妇"赔偿	
2000.4		民主党向参院提交《促进解决战时性强制受害者问题法律案》,审议未通过,废案
2000.7		共产党向参院提交《解决战时性强制受害问题法律案》,审议未通过,废案
2000.8	联合国人权小委员会报告再度劝告日本尽快解决"慰安妇"问题	
2000.10		民主、共产、社民各党向参院再次提交上述法案
2001.3		民主、共产、社民等党联合向参院提交《促进解决战时性强制受害问题法律案》,审议未通过,废案
2001.8	联合国人权小委员会劝告日本解决"慰安妇"问题	
2001.11		民主、共产、社民等党再度联合向参院提交上述法案

续表

时间	国际社会	土屋与相关团体的活动、日本政界动向
2003.1	联合国人权小委员会最终报告《对女性的暴力》，严厉批评日本政府	
2003.2	韩国国会通过《制定解决战时性强制受害问题法决议》	
2004.6		上述各党再次联合向参院提交上述法案，审议未通过，废案
2004.12		上述各党再次联合向参院提交上述法案，审议未通过，废案
2005.2		上述各党再次联合向参院提交上述法案，审议未通过，废案
2006.3		上述各党再次联合向参院提交上述法案，审议未通过，废案
2006.9	美国国会下院通过要求日本尽快解决"慰安妇"问题决议	
2007.5	联合国禁止刑讯委员会发出"慰安妇"问题无期限失效劝告	
2007.7	美国国会下院通过要求日本尽快解决"慰安妇"问题决议	
2007.11	荷兰国会、加拿大国会下院通过要求日本尽快解决"慰安妇"问题决议	
2007.12	欧洲议会通过要求日本尽快解决"慰安妇"问题决议	
2008.3	菲律宾国会通过要求日本尽快解决"慰安妇"问题决议	

续表

时间	国际社会	土屋与相关团体的活动、日本政界动向
2008.6		上述各党再次联合向参院提交上述法案，审议未通过，废案
2008.10	韩国国会通过要求日本对"慰安妇"谢罪赔偿决议	
2008.11	中国台湾立法部门通过要求日本尽快解决"慰安妇"问题决议	
2009.3	ILO专家委员会强烈劝告日本政府为和解而努力	
2009.8	联合国消除对妇女歧视委员会劝告日本政府最终解决"慰安妇"问题	

从以上依时间顺序所列的长长的一览表中可以看出，围绕"慰安妇"问题，包括土屋在内的日本有识之士尽了种种努力，做了大量工作，支持受害者提起诉讼，多次召开国际会议，促使议员以及在野党再三地向国会提交相关议案，等等。

每一项工作都要付出大量心血，作为市民运动，在组织、协调、经费、事务性工作的人力动员等各个方面多有艰辛，特别是一些规模较大的国际性会议。而作为市民运动的领导者，土屋付出的更多。1999年由日本30多个市民团体、20多所大学的教授发起的"关于战争犯罪与战后补偿的国际市民集会"在东京召开，邀请了7个国家的市民团体、研究者和受害者参加，内容涉及日本的战时体制、战后赔偿、"慰安妇"、南京大屠杀、抓劳工、细菌战、化学战、受害者的心理创伤等许多领域。土屋作为会议执行委员长，集思广益，充分地发挥各个团体、每个参加者的作用，3天会期中，4个研讨会、5个分科会有条不紊地顺利进行。会后整理集会记录时，土屋提供了自己的律师事务所为工作室，资金告罄，土屋又承担了全部出版费用。就这样，在这些活动中，土屋一方面像是坚实的奠基石，为有声有色的市民运动提供了不动摇的立脚点，另一方面又像是辛勤的园丁，照管着细枝末节。

在日本，市民团体众多，团体之间以及团体内部，成员的阶层、职业、年龄构成各不相同，各团体所联系的政党以及政治立场也各有所异。但是，笔者听到不同市民团体的成员说，在追究战争责任和战争犯罪事实、赔偿诉讼、赔偿立法等许多工作中，土屋的存在非常重要，他无党无派，光明磊落，本着尊重人权的基本价值观，最大限度地将各种团体聚集起来，使之能够相互合作共同参与同一事业。

尽管国际社会给日本政府施加了很大的压力，而且具有良知的日本市民也在尽心尽力地努力，但是至今，日本政府及执政党自民党的态度依然没有改变，战争遗留问题还是没有得到根本解决，各在野党反复提交的立法解决战争遗留问题的法案均被废案。这就是今天日本的现实。

事业未竟人先去，土屋或许是带着深深的遗憾离开这个世界的。

"市民派律师"成为日律联会长

土屋称自己是"市民派律师"，他无愧于这个称号。

土屋真心地拥护日本《律师法》第一条"律师以维护基本人权，实现社会正义为使命"（1949年制定，之后若干次修改），认为这是律师的灵魂所在，以有着如此使命的律师职业为自豪。在长达40余年的律师生涯中，他忠实地履行了这一使命，并且做到了其后条文所言："第一条 律师基于前项使命，诚实地履行职务，为维持社会秩序和改善法律而努力"，"第二条 律师须努力培养高深的教养，陶冶高尚的品格，精通法令及法律事务"。

土屋有着"司法为民"的观念。这个"民"，不是镶嵌在国家意识形态或者任何宏大叙事里的抽象名词，而是具体的，是生活着的普通市民你、我、他。大千世界，市民各色各样，玉石混杂，良莠不齐。做了坏事，犯了法，特别是做了杀人恶事之人，千夫所指，严惩声高。即便如此，土屋也不避嫌，无忌迁怒于己，如有需要就会承担恶性案件嫌疑人的辩护。土屋律师的守法、维权精神的彻底性就在于此，依法维护所有人甚至是"恶人"的权利。在他看来，犯罪是有其社会背景和复杂原因的，律师的使命决定了律师要从被告及嫌疑人所处的具体环境去理解罪责，依法辩护。当然，这绝不是一味地袒护，其间有规劝、说教、引导对方说出实话的苦苦摸索。但是再辛苦他也不会放弃为被辩护人进行辩护的努力，甚至也不愿放弃对被辩护人的最终信任。可以说，土屋的这些举动的深处，是他对人性的理解，是他对来到这个世界上的所有人都被赋予了的人权的尊重。

诉讼案件，大小不等，辛苦辩护，有合算不合算之分。土屋不计较案件大小、报酬高低。只要有求，对报酬较低的简易法庭、家庭法庭的琐细案件也是来者不拒。即使在他已经成为在东京最繁华大街银座开事务所的大律师之后，还接手远在四国小城的家庭纠纷案件，乘夜车晃一晚赶过去，而且一晃就是几年。

与司法为民的观点相辅，土屋强调司法独立以及作为律师自治组织的日律联的独立性，认为司法不应为政府、政治所左右，律师不能仅着眼于为大企业、外资企业服务。他在这个意义上称自己是"在野派"。他就是本着这样的宗旨去竞选日律联会长的。

发表竞选演说时，土屋旗帜鲜明地提出要推进"司法改革"，目的是使司法能够更好地为市民服务。他指出司法界的问题是门槛高，判案周期过长，其原因是检察官和法官的人数过少，应适当地增加司法考试合格者的名额，以补充检察院和法院的人员。

几乎同时，日本政府也提出了"司法改革"的口号，但是，着眼点与土屋完全不同。当时，正值经济泡沫破灭之后，经济不景气，政府为了复苏经济，从政策上放宽了种种限制，为企业特别是大企业提供了更自由的活动天地。为了应对随之而来的经济纠纷，政府准备大规模地增加司法考试合格者的名额，以扩充律师的人数。

土屋尖锐地指出，政府仅从经济发展的一维视角出发制定司法改革的政策，不仅没有针对目前司法界的症结，不能解决司法不能很好为民服务问题，还会因律师过多而带来相互间为争夺诉讼案件的过热竞争，助长追求报酬的风气，以及造成律师素质下降等新的问题。

土屋为司法界的现状、为政府利用政策过多地干涉司法界而深深地忧虑。因此，他挺身而出，竞选日律联会长，希望承担这份改变现状的重任。竞选时，他明确地申明自己的主张。为了让更多的律师了解他的抱负及司法为民的蓝图，他跑遍了全国50多个律师分会，面对面地解释自己的立场和将来的具体计划。

几位日本律师告诉我："土屋之后，再没有出现像他那样的立场鲜明的会长。"

即使是当了日律联会长，更加有了声望之后，土屋依旧保持着他的平民性、在野性和独立性，他拒绝任何有损于这些性格的名誉、地位和利益诱惑，比如，他坚决地辞掉了授勋候选人的资格。在日本，每年政府都向有卓越社会贡献的人士颁发勋章，作为律师界的代表人物，土屋有资格被列入候选人名单，但是他主动拒绝了。他说，这样做是为了保持自己的独立性和批评政府的权利。相较于名誉和声望，土屋更看重的是个人的独立性和思想自由。

"恒心"之源

荒井称土屋"是一位始终如一地贯彻了'恒心'之人"。从以上我们已经可以看出土屋做人、做事的原则性和一贯性，他总是主动地去承担责任，一旦认准了，就绝不退缩。"恒心"的评价恰如其分。

"恒心"源于什么？荒井说"土屋原本就是一位有着自己的'精神世界'之人"，"在他的内心里一直有弱者的位置"。这是事实，土屋的律己精神、由衷的社会责任感从青年甚至少年时代就具有了。但是，我还是以为，年青时的土屋与战后的土屋有着很大的区别。

　　年青时的土屋与绝大部分日本人一道，被卷入了军国主义战争的大潮。他对国家没有任何怀疑，对包括自己在内的大批年轻人被从校园赶上战场没有感到不满和苦恼，在战场表现得很勇敢，甚至报名，"热切"地希望加入驾驶飞机冲向敌舰的"特攻队"。自从走上战场，他就做好了战死的准备。可以说当时他是把自己交给了国家和那个时代。如果说还有什么地方维持了一点自我没有全部交出的话，那就是他的个性和常识。

　　当新兵的时候，在等级森严的日本部队里是不能和上等兵和士官顶嘴的，而土屋对认为没有道理的事情却偏偏问为什么，要讲个理，因而遭到额外的毒打。成为尉官之后，他制止了饥饿至极的士兵刨出美军俘虏尸体吃肉的行动，在极度饥饿状态下这种行为已经开始在部队中蔓延，连土屋的上司都不满意他的禁令，但是，他没有放弃做人的底线。美军俘虏瓦联鲍被斩首之前，土屋与他有过一番私下对话，询问了他的年龄、家庭状况，有没有谈过恋爱，得知他年仅22岁，家里是母子二人相依为命，还没有谈过恋爱。土屋不禁为他惋惜。虽然对瓦联鲍的感觉没有超出对敌军俘虏的范围，但是从对话内容看，即使仅仅是短暂的瞬间，那一刻也像是超越了战场上你死我活的敌我关系的两个年轻人之间的家常话。与瓦联鲍的对话，让土屋看到了驾驶战机来狂轰滥炸的敌人是与他一样的年轻人，是惦记着远方翘首盼儿归的母亲的有感情、淳朴的人。

　　多少年后，土屋仍然清楚地记得所在部队将瓦联鲍斩首的情景，记着与瓦联鲍的对话。他多次在讲演、谈话中提到这段刻骨铭心的经历，也曾亲口给我讲述过。如书中所述，由于躲开了斩首执行人这一角色，土屋才避免了成为乙级和丙级战犯，得以有战后的新生。

　　战后，民主主义的社会制度和理念、依法维护人权的司法实践这些新的社会价值体系，为土屋重新定位自己，定位个人与国家的关系，反思自己的亲身经历，反思那场战争，思考和平的意义等，提供了全新的思想方式。同时，残酷的战场在他心灵上刻下的深深痕迹，无疑为他的理性思考提供了独特的视角。本书中，我们可以看到一些他基于个人经历的理性思考。

战场就是杀人与被杀，时刻发生着残酷、无奈、丑陋的死。战后，土屋要问这究竟是为什么。

为了什么要去赴死呢？当时没有认真思考过。等到从战场归来后回头想，这究竟是为什么？战场上人们悄无声息地死去了，而且，名义上是战死的人中，却有相当数量之人是饿死或病死，他们该是怎样的无奈与失望啊。（本书第20页，下同）

是谁送国民上战场，让不同国家的老百姓去厮杀，去死呢？

战争，是那些发动战争的国家领导层犯下的罪恶，普通人被他们拉入充当了牺牲品。被夺去生命或夺走他人的生命，再没有比这更荒谬的了。（第12页）

国家称战死者是"英灵"，把他们供在靖国神社。国家制造各种蛊惑人心的口号，授予战亡者名誉称号，这与残忍、罪恶的现实之间有着巨大的反差。

战死的人们被誉为"英灵"。但是，真正立了堂堂伟业值得被誉为"英灵"的究竟有几人呢？尽施残虐因其恶报而死去的人也被誉为"英灵"，这样的"英灵"称谓真的是虚幻无益的。（第21页）

在靖国神社里，战死的军人和军属作为"为天皇献出生命的英灵"被祭祀，从战前的国家神道时代以来，靖国神社一直起着把日本人和战争捆绑在一起的作用。（第21页）

律师之魂

战后，参战的大多数日本人没有反思战争中自己的罪行。

战争中大量无辜的平民被杀害，那些有罪的家伙和许多做了大量坏事的人却活了下来。但是，这些人绝不会自己出来承认，曾经在中国大陆杀害了无辜平民，砍了他们的脑袋，强奸了妇女，等等。对这些罪行他们缄口如瓶。（第20页）

土屋忧虑现在日本的政治形势，执意发出自己的声音，做出自己的行动。

战争时代，"国贼"或"非国民"这类词汇起到了压制民众的作用，为了不受如此指责，大家都战战兢兢地过日子。如今右翼又操起了这些词汇，莫非是那让人胆战心惊的时代又回来了吗！在我的意识里，这种危机感与基于战争体验的反战态度结合起来了。（第19页）

回首自己的战争体验，我对现今政府所进行的种种战争准备之举绝不能漠然置之。作为懂得战争惨绝人寰的我们这一代人，为了和平，趁着战争还没有成为现实发出反战的声音，正是我们应该负起的责任。我有一个很强的意识：沉默是大罪！（第1页）

不仅对反战、追究战争责任的市民运动，对律师及日律联所处的位置和社会作用，土屋的思考亦是与对战争的反思结合在一起的。

战后，出于对可耻历史的反省，日本制定了"律师以维护人权为使命"的法律，如果国家再要发动战争就站出来大声疾呼，为制止战争而斗争。（第65页）

律师会之所以能够喊出反对战争的声音，非缘他因，正是由于有自治体制的保障。进一步说，为了保护在许多场合与国家权力对立的律师们，通过律师会的自治，律师活动得以排除国家权力的干涉，失去律师会的自治，对抗国家权力的难度可想而知。（第85页）

战时，土屋被国家和为政者愚惑。战后，他以个人的同时也是民族的历史教训为新的出发点，为了不再发生战争，为了建立起一个国家和为政者不再能够随心所欲地愚民惑众的政治制度和社会体系而思索、行动。

博雅君子

土屋的兴趣爱好广泛，少年时习剑道，中年喜好吟和歌，甚至入门去学习和歌哥泽。

他亦好喝酒，工作之余常出入银座的居酒屋，与老板娘妈妈桑们也交上了朋友，还将她们引见给妻子，以至后者亦成为朋友。

重礼仪、讲信义的土屋，对谁都别无二样，因而得到了大家的尊重和爱戴。

《律师之魂》出版后，相知好友们相商欲为他开一个庆祝会，当时土屋的癌细胞已经转移，身体相当虚弱，为了避免移动使之过劳，决定将地点定在他家附近。2008年秋，庆祝会如期在一家法式餐馆举行。不过，是土屋自费招待了所有与会者，这样，为他开的庆祝会变成了他向朋友们的致谢会。荒井在一篇悼文里讲，与会者中"无论是哪一位，也无论身份和社会地位如何，可以说与土屋的相识，在其人生中都有着相当重要的位置，在心中是最为珍惜的。那时土屋在坚忍地与病魔做斗争，在我看来，这是他在以自己的方式向大家告别了"。这就是土屋的风格，他在生命的最后，也没有忘记向帮助过他的、与他共同工作奋斗过的人们道一声谢。

土屋去世后，葬仪及告别式在位于东京汤岛的佛教临济宗的麟祥院举行。我也参加了傍晚开始的葬仪，天上下着蒙蒙小雨，老远就可以看到寺院门前排起了长长的队，人们等着为土屋进一炷香，做最后的告别。依次挪动，终于来到寺院中堂里设置的灵堂前，土屋的近照等在那里，微笑着，像是亲切地问候着每一位吊唁者。之后，依着"顺路"的标示，沿着寺院里和式庭园曲曲折折的林间小路，人们来到临时搭起的棚架下。只见一排排的桌子上整整齐齐地摆着冰镇好的啤酒、寿司和一些小菜，等着客人们享用。我在日本多次参加过葬仪，受到这样的款待还是第一次，而且是如此细致周到巧妙的安排。大多数人似乎是已经习惯了接受土屋的照顾，都很"心安理得"地就餐了。席间相互交谈，故人的话题时而登场。吃好了的人陆续告辞，后到者不时地加入，服务员们忙着添加酒和饭，气氛很是和谐、自然。王选感叹道："土屋人虽走了，但是对身后事，对以礼相待来与他告别的人却毫不忽略。说到底，他真的是一位绅士。"

礼、义、情，于土屋是并重的。

二 土屋的老同学、世界史学者荒井信一

以上我们已经可以看到，在日本，追究战争责任的市民运动经常是律师、学者、市民团体三位一体地开展的。律师以要求战争受害赔偿诉讼为主，学者追究战争责任、战争犯罪的历史事实，市民团体支援这些活动，亦有些市民自己也搜集资料开展研究。在日本史学界，荒井称得上是追究战争责任、战争犯罪事实方面的代表人物。在这个意义上，我也想介绍一下土屋的老同学、世界史学者荒井信一。

荒井著作等身，研究领域涉及世界和日本现代史的许多方面，在历史观以及史学方法方面亦多有著述，而且，热心于青少年的历史教育，编著了不少面向青少年、儿童的系列讲座丛书。他于1982~1986年连任两届日本历史学界的全国性学术组织"历史学研究会"（以下简称"历研"）的会长。在这篇短短的序言里想全面介绍荒井是不太可能的，亦考虑到与土屋自传的关联性，本文将

主要围绕他在战时的经历以及在战争历史研究和追究战争责任方面的作为展开。

"战争与自我形成"

荒井高中时与土屋同班,因土屋曾患病休学两年,所以荒井小土屋两岁。与土屋不同的是,在高中时,荒井因不满派驻在学校负责军训和管束学生的军人之横暴,对军队没有好感,内心对时局也保持着很大距离。当时,战局不利的重压使得日本国内气氛开始消沉,东条英机政府取消了对文科学生征兵的延期,入伍年龄降低,学校愈发加紧了对学生们的管理,学生宿舍的自治制度被强行取消。

荒井晚年回想,高中时期他的注意力主要集中在几件事上。一是思考为什么要为天皇陛下去死,想为自己找出可以认可的理由。二是读保田与重郎等日本浪漫派的诗歌和小说,受到了一些浪漫派所提倡的为具有超越性的高大完美者而死的美学观的影响,从而一定程度上接受了"赴死战场"的流行美学。三是读了一些法国颓废派、象征主义文学的作品,如夏尔·皮埃尔·波德莱尔、维利耶·德·利尔-阿达姆等。另外,他还读了一些京都学派哲学教授的书,比如1937年出版的天野贞祐的《道理的感觉》,在理性思考方面受到一些康德哲学思想的启蒙。

并非出于非常清醒的自觉意识,以一个高中生的思考力,荒井为自己定下了两条做人的原则。第一,"不去做自己不信服的事",要做一个自觉自律有道德的人。这个道德并非世人一般称道的,而是"自己灵魂内在的道德,倾听良心的呼声,做良心以为善的事"。第二,"充实内心世界"。处在那个时代,要达到这个目的除感性之外别无他法,所以他在文学和音乐修养方面下了一些功夫。

荒井说,虽然青年时代在自我形成方面做了很多努力,但是,在军国主义时代,想要吸收有关社会及个人的基本知识,提高社会科学的素养,形成社会批判能力以及审视时代的独特视角是根本不可能的。个人的理念受到了时代的束缚,想张开的翅膀被紧紧地压抑，只好钻进以主观感觉外界的诗歌和小说的世界来感受自己的成长。结果，造成自我意识过强，产生了与周围的纠葛，带来了内心的困惑。但是无论如何，对自己来说，这段人生经验是一种以自己的方式去反抗时代的体验（《战争与自我形成》，《述说世纪史》，同时代社，1991）。

1945年6月，荒井离开春季刚刚入学的东京大学文学部西洋史学科，应征入伍进了炮兵部队。战败后9月复员，在静冈县乡下的高专当了半年的西洋史教师后，翌年复学。

"在野派"历史学者

与土屋相同，荒井也说自己是"在野派"。我向其请教："历史学者的'在野'意味什么呢？"荒井答道："就是说不是经院式的历史研究，而是从现实的社会中提出问题，认识历史。"

我尝试着推想影响荒井形成这样的学者观的一些原因。

第一，大概与他的经历不无关系。荒井不是从学校直接进入学者圈的。1949年东京大学毕业后，他突破了1∶100的竞争率被中央公论杂志社录取，但在一年见习期满后未能转正，原因是大学期间参加学生运动的经历引起了杂志社的警惕，而且同年当选被视为左翼的历研委员会委员亦被视作问题。不久，朝鲜战争爆发，"偏右"的杂志社开始清理"左倾"分子，把他解雇了。

之后，荒井为马克思主义史学家服部之综做助手，编辑《中学生历史文库》（34册，福村书店），参与中学社科教科书《时代与生活》（日本书籍）、《从绘画看世界史》（8卷，国民图书刊行会）等的编辑，筹划并执笔了《世界史讲座》（8卷，东洋经济新报社）、《眼见历史》（每日新闻社）、《生活百科事典》（20卷，小山书店）等历史书籍，还与历研现代史分会的年轻学者们一起，集体编写了《太平洋战争史》（6卷，东洋经济新报社）。这些书中，他力求"科学地综合地"讲述日本及世界的历史。战后，日本的社会科学百废待兴，军国主义时代的许多书已经不能再用，荒井参与的这些历史书的出版，正是顺应了社会的需要。

1959年荒井成为一所高中的历史教员，一教就是十几年，直到1972年。这段经历，使他与所谓学院派历史研究之间拉开了一些距离，得以审视后者的方法论。他逐渐找到了自己的定位，决意扬己之长，把史学教育及对现实认识中形成的问题意识作为历史研究的切入点，形成独自的治史风格。区别于重微观、实证的治史方法，荒井着眼于宏观把握，从问题出发去整理现代史的线索和脉络。

比如，《战争责任论　现代史的发问》（岩波书店，1995）中，荒井将两次世界大战以及冷战期间的局部战争作为论题，探讨了战争责任问题的出现，描述了国家间的合纵连横与历次战后战争责任的处理过程，探析战争加害与受害的重叠性及现代国际社会对建立和平秩序、维护人权的摸索，等等。后面将介绍荒井对日本战争责任问题的分析，从中可以看到他是从世界史的大脉络出发分析问题的。又如，《轰炸的历史　无终止的大屠杀》（岩波新书，2008）中，荒井分析了轰炸作为镇压殖民地的手段登场之后，在一系列的战争中——如德国对西班牙，日本对中国，美国对日本、朝鲜、越南以及对所谓现代恐怖主义等——有了"负的发展"，成为战争的主要手段。并指出，轰炸总是以发动一方的压倒优势为背景，常常与各种意识形态结合，为其制造出种种正当化的理由，但其结果经常是带来大量平民的死亡和社会生活的破坏，揭示赋予轰炸正当化的理由往往是虚伪的、有欺骗性的。

历史教学的实践使荒井认识到历史教育的重要，向年青一代传递真实的历史，培养他们的历史意识，是上一代人的责任。而且他认为，向儿童和年轻人讲述历史，应该从他们接受能力的特点，也要注意从他们这一代人所面临的时代课题出发。即使在已经成为著名学者之后，荒井还应约撰写通俗历史读物，比如为丛书《母子同读　20世纪的战争》（草根出版社）写解说，他写了其中5卷，即《日中战争Ⅰ》（51卷）、《日中战争Ⅱ》（52卷）、《太平洋战争》（53卷）、《冲绳战》（54卷）、《战争与孩子们》（55卷）。这套书是共同通信社从美国每日新闻社获得的 25000 张照片中挑选、编辑而成的，一张张珍贵的历史照片真实地再现了战争的历史和战争对人类社会的影响，他认为利用绘画、图片、照片等来传递历史知识是个好方法。

第二，大概与他自从走上历史研究道路就加入了左翼学术团体历研有关。荒井在其中发挥了重要作用，亦找到了许多志同道合之士。

历研是1932年由东京帝国大学出身的年轻历史学者发起成立的，这个学术团体从民主主义、和平、自由的立场出发，一直对现实社会、政治问题非常关注，积极地介入与历史相关的时事政治问题。历研奉行"对任何人都开放"，"无论职业、所属、年龄、专业如何"，只要赞同历研的纲领和会则就可成为会员的开放原则，且"不囿于学历、学派的权威性"，"将发展科学的历史学作为活动的目的"。历研的纲领有5条。

1. 除了科学的真理以外不承认任何权威，主张学问的完全独立和自由。
2. 主张只有在摆正学问与人民的关系的情况下才能求得历史学的自由和发展。
3. 主张打破一切国家、民族性的旧的偏见，站在民主主义的、世界史的立场上。
4. 准确地继承已有的学术成果，使之更为发展，推动建立科学的历史学传统。
5. 与国内外的进步学子及团体协作，致力于提升祖国和人民的文化。

在历研中，荒井与其他研究者合作进行共同研究，出版著述，召开国际研讨会，关注时事问题并积极地表明立场。逐渐地，荒井成为历研的核心人物，历任委员、学会志《历史学研究》编辑委员及编辑委员长、会长。

1982年荒井任历研会长时，文部省修改历史教科书的举动愈加明显，对南京大屠杀、朝鲜三一独立运动、冲绳战役等历史事件都要求做出修改或删除，可以看出其重点在于隐蔽侵略战争的真相。这种做法，立即受到中、韩等国政府的抗议，成为国家间的外交问题，在日本国内也遭到了很多有识之士的反对。荒井召集历研委员会，委员们一致认为有必要提醒日本国民注意政府的错误态度，并就如何对待过去的战争发起讨论，重新反省侵略的历史。作为国民思考教科书问题的参考，以委员会成员为中心，紧急出版了《历史学家为什么强调这是"侵略"》（青木书店）一书。荒井在卷首论文里写了如下的话。

美化过去的战争不让国民知道加害的事实，是篡改教科书问题的本质。这是直接关系国民的学问、表现、出版、教育等基本自由的问题。并且，这种做法与"欲剥夺其他民族的自由则首先剥夺了本民族的自由"的一段历史教训相重合。鉴于此，我们不得不拘泥历史教科书的记载，强调一定要正确地记述日本的侵略和加害的历史。

第三，应该说最根本的，还是出于他本人的历史责任感。作为史学家，荒井的方法不是就史论史，而是重视现实与历史的对话，认为史学家本身的主体性会影响投向历史问题的视线以及研究的深度和广度。

以下介绍的荒井对战争责任问题的思考，就突出地体现了这一点。

对战争责任问题的思考

20世纪50年代中期，历史学家远山茂树、今井清一、藤原彰等人合写了《昭和史》一书，由岩波书店出版。围绕这本书，日本思想界展开了一场争论。

文艺评论家龟井胜一郎撰文《对现代史学家们的疑问》批评到，此书运用唯物史观描述历史，与皇国史观诀别，可以说有一定新意，但是，与皇国史观犯了同样的错误，即"陷入了以党派、思想来一面性地解释历史的陷阱"，而且没有描述作为历史主体的人。就战争责任问题，龟井写道："如果没有对中国无知、漠不关心的这样一种普遍国民心理的话，对中国的侵略不会以阴谋手段而且那么轻易地就发动了。把什么都归于'统治阶级'的罪行，很多事情是解释不通的。"龟井还批评《昭和史》行文"枯燥无味如嚼沙"，没有人的气息，提倡"美学的历史观"，对历史"做文学家式的描述"。井上清、江口朴郎等马克思主义史学家站了出来反驳龟井。

荒井与马克思主义史学家们有着师承关系，亦不同意龟井的许多观点。但是，他从龟井的批评中"读出了战后史学批评的可能性"，而且，他注意到龟井本人对战争、对中国态度的变化。战时，龟井属于日本浪漫派，是战争意识形态的积极鼓吹者，赞美对中国的侵略是"圣战"。但是战后，龟井的态度180度大转弯，反省战争，加入"日中文化交流协会"，当上了理事。从龟井的态度变化中，荒井意识到，有必要重新考虑"国民"这一"主体"在历史中的作用，对亚洲进行侵略的战争责任应作为"日本民族"整体的问题来考虑。

荒井发表了《危机意识与现代史》一文，认为应当从昭和史争论中创造性地引导出积极成果，认真地考虑战争责任问题，并批评了战后马克思主义史学在此问题上无作为。全文共分三节，内容大致如下。第一节，指出战争责任论问题在战后史学上是个盲点。马克思主义史学在战时因反对天皇制而遭到了镇压，战后一直仅仅是从阶级史观的立场出发追究天皇及统治阶级的战争责任，而对作为政治主体的民众、国民的战争责任，由于其理论的片面性而丝毫未能提及。第二节，一面尖锐地批评龟井的"美学史观"是从根本上否定历史学的方法论，是反历史的思想，一面又对龟井注意到"民众的历史感觉"以及历史学家与读者的关系给予了肯定。同时批评战后史学掉入了"仅相信理论，不相信感觉"的陷阱，失去了历史学家本身的"主体性"。第三节，对龟井创造"虚拟宗教国家论"一词用以描述具有深厚民众心理基础的天皇制、指出民众对中国的蔑视态度以及国民的战争责任等给予了肯定，同时批评战后史学在观点上的缺陷，缺少把握民众的"负面"以及"主体性"的视角。

论文发表之后，在学界受到冷遇。批评马克思主义史学的僵化和片面性以及史学家们缺少"主体性"，当然触动了权威，被井上清说成是"像是愤怒的年轻人写的文章"。直到近年，这篇论文才被重新提起，被评价为在日本史学界最早明确地提出民众的战争责任和历史学者的主体性问题（如大门正克《论昭和史争论 历史叙述的可能性》，日本经济评论社，2006）。

荒井回忆，发表了这篇论文后，他并没有感到一吐为快的轻松。因为所指出的问题，作为历史学家也正是他自身的课题。之后，他在历史研究的实践中努力地回答着这些课题。

就战争责任问题，这里还想介绍一下以上提及的《战争责任论 现代史的发问》中的一些观点。如前所述，这本书是从20世纪爆发的一系列战争的整体角度去把握战争责任，同时就各个具体的历史过程亦有翔实的考证。比如，关于日本的战争责任问题，从接受《波茨坦公告》受降起，涉及联合占领军的接管、东京审判、《旧金山和约》，直到战后与亚洲各国的摩擦等，在顾及具体的历史过程的同时，贯穿着多重视点的考察。比如天皇的战争责任，亚洲各受害国对战后处理的参与与否，日本对殖民地开发及帝国意识的反省状况，冷战格局的影响，对违反人道的战争罪责的追究，等等。

研究历史往往也是为了找到一些对现实问题的解答。比如荒井考察了东京审判，指出其中所存在的问题，而这些问题正与战后日本对战争的态度有着极大的关系。战争责任暧昧、上至政治家下至国民普遍缺少对侵略战争的反省等现状，不能不说东京审判要负一定责任。他着重指出了东京审判存在的三个问题及造成的影响。

第一，亚洲许多受害国没有能够参与是个很大的问题。参加东京审判的亚洲国家只有三个：中华民国、菲律宾、印度，因此，亚洲各地民众的战争受害就没有能够成为审理的内容。典型的例子是修建缅泰铁路。日军使用了美英等国俘虏6万人修铁路，深山峡谷的恶劣自然条件，加上粮食不足，大约25%的人死去。虐待俘虏问题被作为审理对象。但是，实际上不只是俘虏，日军还从泰国、缅甸、马来西亚、印尼等国抓了18万左右的劳工，劳工的死亡率更高，约死去一半。但是，这种犯罪行为却没有被作为审理对象。而且，受害者不下几十万的"从军慰安妇"问题也没有被提上审判议程。

第二，没有追究反人道罪。所谓反人道罪，不仅战时而且包括战前所犯的对人的非人处置罪，如杀人、大规模屠杀，奴隶般的残酷使役、流放，等等。德国纽伦堡审判时，追究了反人道罪，虐杀犹太人的德国人受到惩罚。而东京审判没有这一条罪责，结果是日本在殖民地的犯罪行为完全没有得到清算。比如，日本在朝鲜等殖民地以及中国抓了大量劳工的问题就没有成为审判对象。至1944年，日本从朝鲜至少抓了87万余人送往日本国内及南洋各地，而且在朝鲜半岛内，为修机场、阵地等军用设施和建工厂、铁路等至少抓了400万余人，其中不少人死于非命。由此看出，在同样有着殖民地问题的各宗主国实施的审判中，殖民地法理在运作时起了一定作用，是有历史局限性的。

第三，审判的早早结束。纽伦堡审判的主要审判结束后，后续的12个审判继续进行，177名被告中142人被判有罪，大多数都是犯了"反人道罪"，有进行人体实验的医生，有利用司法杀人的律师，有进行经济掠夺和把外国人劳动者当作奴隶使用的大企业，还有抓劳工、种族屠杀的协作者、民兵等。

东京审判仅仅进行了主要审判，结束后，占领军宣布对甲级战犯的审判不再进行，包括岸信介、儿玉誉士夫等在内的17名甲级战犯嫌疑人在没有进行任何审判的情况下被释放了。

之后，岸信介重返政界，从 1957 年起任了三届首相，儿玉也在政界财界有着很大的势力。其结果是在日本保守的国家领导层中产生了自己无罪甚至是东京审判受害者的意识，在日本社会的上上下下酿成了否定东京审判的气氛，以至反过来将提及战争责任、战争犯罪的人视为加害者。

"日本战争责任资料中心"与《战争责任研究》

1991 年韩国原"慰安妇"挺身而出并且将日本政府告上法庭之后，"慰安妇"问题首先在日韩之间成为外交和民间关注的问题。荒井以历史学家的敏感，感觉到有必要搞清楚"慰安妇"问题的历史真相，他倡导成立了一个以历史学者为主的研究团体，去防卫厅研究所图书馆等政府机构查找有关资料。同时，与亚洲及欧洲的学者合作，寻找原"慰安妇"出来做证。

1992 年 12 月，"关于日本战后赔偿的听证会"在东京举行。在联合国人权机构成员也被邀请来参加的会议上，来自韩国、俄罗斯、朝鲜、菲律宾、中国大陆、中国台湾、荷兰等地的原"慰安妇"们陈述了日军的暴行，山西省妇女万爱花出席会议陈述了证言。荒井是会议执行委员长，这样大规模的会议需要很多经费，而且邀请各国的证人赴日亦需要大笔旅费，为保证会议顺利进行，他甚至拿出了自己的一部分退休金。听证会在日本国内引起反响，市民到会踊跃，在国际上也受到了关注。会后，证人们的证言以日英两种文字出版。

在会议执委会基础上，1993 年 4 月由荒井提议成立了"日本战争责任资料中心"（以下简称"资料中心"），荒井为负责人。资料中心的活动宗旨是研究日本的侵略战争、战争犯罪、战争责任、战后补偿等问题，同年秋季，季刊《战争责任研究》创刊。荒井在"发刊词"里写道：

关于我国的战争责任问题，为了不使认罪和谢罪仅仅停留在口头上，我们首先要搞清楚历史事实，弄明白是谁、对谁、负有什么样的责任。为此政府应该公开关于过去那场战争的所有资料和记录，而且，为求真理的自由争论是必不可少的，政府应该做的不是介入争论，只是保证争论的自由，以及尊重学问所做出的结论。

关于战争责任问题，求得历史事实的真相，是向受害者谢罪、进行物质补偿等战后赔偿的第一步。至今为止，不去追究历史事实的真相，也不去从根本上考虑战后赔偿问题，仅是想通过给予一次性的补助金就想结束战后处理，结果引起了亚洲各国民众的反感和抵制。

日本的新政权（指当年8月成立的细川护熙内阁。——笔者注）如果想以承认战争责任和谢罪为新政治路线的入口的话，首先要怀着诚意去查明历史真相。但是，看到政府发表的两次调查结果，坦率地讲，不能不令人感到通过官僚机构调查的局限性。对这种类型的战争受害，应该取证于受害者，做口述史的调查。

我们忧虑的是，如果政府想继续在战后处理上蒙混过关的话，不仅会受到受害者，而且会受到世界上所有有良知的人的反对，对日本国家的道德性产生深刻的怀疑，影响日本在国际事务中发挥作用。

查明历史真相的课题，不单是日本政府和国会，而且国民也应有自觉的意识来承担。出于这种认识，我们从民间角度，以围绕追究历史真相、解决战后赔偿问题开展研究为目的，创刊《战争责任研究》。

至今这本杂志已出了82期，始终贯彻初衷，咬定追究战争责任、战争犯罪的历史真相不放。每期杂志除自由投稿外，都会有编辑部组稿的"特集"部分，这些特集涉及日本的各类战争犯罪、日军在亚洲各地的暴行、殖民地统治以及战后处理等许多方面的问题。我对特集的内容进行了分类并统计了各类的期数。

表2 《战争责任研究》各期特集内容分类

序号	特集内容	期号	期数合计
1	"慰安妇"问题	1、3、4、5、17、18、19、24、27、32、38、47、56、57、62、71、74、75、79	19
2	抓劳工问题	33、51、55	3
3	毒气、化学战	5、26、42、44	4
4	731部队细菌战	2、3	2
5	南京大屠杀	58、59	2
6	虐待俘虏、日军的俘虏政策	3、9	2
7	日军暴行、亚洲各地受害情况	4、61、64	3
8	日韩合并、殖民地统治	12、13、66、67、7、79、80	7
9	反战日本人、战争遗址、侵略证言日军军纪、大学与战争、媒体与战争、战争与国民、战争与疾病、战争与残疾人、军国主义、冲绳战役	8、21、22、23、25、28、29、39、43、45、52、60、77、78	14
10	轰炸、原子弹投放与辐射受害者	53、73、74	3
11	日本侵略与战后处理、掠夺文化财产的归还	9、10、16、20、28、46、69、72	8
12	有关历史资料档案的公开	14、38、40	3
13	批判自由主义史观、历史教科书问题	15、16、17、32、35、48	6
14	靖国神社、追悼战死者	36、37、50、54、76	5
15	天皇制、天皇的战争责任	41、54、70	3
16	历史认识与自卫队	65、68	2
17	德国的战争责任、战后处理	6、30、7	3

长期以来，荒井及其同人们以"民间的力量"依"国民的自觉意识"，对上述各项锲而不舍地追踪、考察，发现了许多关键的历史资料，理清了一些重要的历史事实的脉络。仅举两例。

1. 第1期，中央大学教授、历史学者吉见义明论文，介绍了在防卫厅防卫研究所图书馆所藏资料中发现的金原节三《陆军省业务日志摘录》。金原历任陆军省医务局医事科长、近卫第二师军医部长等职，日志记载了陆军省的"从军慰安妇"政策以及设置"慰安所"的目的等。

2. 第2期，吉见义明、立教大学讲师伊香俊哉论文，介绍了在防卫厅防卫研究所图书馆所藏的井本熊男《业务日志》（23册）。井本当时任陆军参谋本部作战课参谋，日志对日军在浙江宁波、衢县、金华以及湖南常德等地实施的细菌战有详细记载。

这些第一手资料，有力地证明了日本政府一直试图否认的"从军慰安妇"制度、细菌战战争犯罪的存在。之后，吉见义明走上东京地方法院法庭，为土屋任辩护团长的细菌战受害等诉讼做了证。

三 老同学间的携手合作和共同点

荒井与土屋，虽然职业不同，但是，在追究战争责任问题上，在各自的领域里都起到了引擎的作用。而且，他们也曾携手合作。

比如1998年成立的"谋求立法会"是他们共同发起的，土屋任会长，荒井任副会长。

1999年召开的"关于战争犯罪与战后补偿的国际市民集会"，土屋任会议执委会委员长，致开幕词，荒井是执委会核心成员，致闭幕词。土屋在开幕词里强调，日本如果不承认在过去的战争中国家犯了反人道罪，承担责任，向受害者谢罪，很难彻底得到亚洲各国的信任。并且表示："从过去的历史中学到了这样一个教训，即如果时代处在走向战争之时，保持沉默和不抵抗本身就是大罪。"

荒井在闭幕词里概括了3天会议的成果，讲道："从会议的讨论可以清楚地看到，过去的战争给各国、各地区社会的人们留下了深深的伤痕，至今仍记忆犹新。特别是对日军侵略战争的受害者来说，被损害的人的尊严及名誉依然没有恢复。"荒井还谈到为了实现战后赔偿，作为市民个人目前能够做些什么、成熟的市民社会应该做些什么，并汇报了自己及周围的历史学家和市民团体正在做些什么。两人在国际市民集会一头一尾的讲话，相互呼应，不谋而合。

应该说，两位老同学之间是有着许多共同点的。

战争期间的经历，是他们各自战后重生的"原点"。土屋从这个原点出发，成了一位依法维护人权的"市民派"律师；荒井亦从原点出发，成了"不承认科学真理以外的任何权威，依据事实去讲述历史"的"在野派"历史学者。独立的人格是他们的共同点。

土屋为亚洲各国的日军侵略战争受害者打官司，当辩护律师，直至生命终结；荒井为追究战争责任和战争犯罪的历史事实而从事历史研究，办学术刊物，民办的期刊坚持了二十几年被称为"奇迹"。他们都是"历史的守护者"，为历史不被篡改、不被抹杀而尽自己的责任。历史责任感是他们的共同点。

土屋为中国人、韩国人、朝鲜人打官司；荒井与亚洲各国的研究者共同召开研讨会，与中国、韩国的学者一起编写历史教科书。国际性的感觉、对他者的理解和想象力是他们的共同点。

一切为了和平，世界上每一个人的尊严都能够得到尊重，是他们共同的愿望。

聂莉莉

日文版序

上高中的时候,有一门《论语》讲读课,直到上这门课之前我都认为《论语》是圣人君子的学问,给人以忽略人性、伪善的印象。但在认真地领会了内中的含义之后,我意识到这是一部理解人类精神的古典文献。

至今我还记得其中有一句发人深省的话,即"无恒产者无恒心"。"恒产"是指固定的财产,意思是说没有一定财产的人难以长期地保持自己的意志。

时至今日我还时常琢磨这句话,是因为如今的日本,国家没有恒产的状况持续已久。已经作古的前首相小渊惠三曾说过,"日本是世界上的'借金王'"。日本现今已经借款800兆或900兆日元①,所以历代首相持续着没有"恒心"的政治,最典型的是小泉纯一郎首相,竟然以临场的蛊惑口号在众议院选举中获得大胜。

我虽然是个没有法学素养的外行人,但亦感觉到司法界也似乎有染于无"恒心"的风习。说到国家的"恒心",自然应该是宪法,但是给人们的一般印象是,日本的法院采取了尽量回避宪法判决的态度。

毋庸讳言,《论语》是统治阶级的伦理学说。与我同班的土屋

---

① 1兆日元=1000000000000日元,即1万亿日元(文中的注释除特别指明为原注外,均为译者注,以下省略)。

公献，既不是"治者"也没有"恒产"，但是，土屋在战后身份的转变中，却是一位始终如一地贯彻了"恒心"的人。

为什么他没有失去"恒心"呢？从包括日本在内的世界战后史来看，直到冷战终结的1990年前后，一直都是意识形态的时代。所谓意识形态，即是关于人们头脑的问题，土屋原本就是一位有着自己的"精神世界"之人。学徒出阵时他的心境是："如果把弱者推到前面，而自己作为年轻人却逃掉了，那不是男子汉应当做的。"

土屋读高中时就已经获得了剑道二段，与我这样相对文弱之人相比，在他的身上可以看到真正男子汉的风采，而更重要的是，在他的内心一直有弱者的位置。从这个意义上说，他选择律师职业实在是再正确不过了，他总是站在弱者的一边致力于实现社会正义。

如果用一笔勾画他的人生的话，那该是一条笔直的粗线，是一条凹凸不平甚至有些笨拙的直线，绝不是一条故作美丽的直线，但是，这线条明确地显现出了土屋坚韧的内心和他的力量。

他那能够折服很多人的人格魅力，正源于他这不屈不挠的"恒心"。

荒井信一

译者的话

中国读者对土屋公献先生并不陌生。1997年，浙江、湖南等地的日军731部队细菌战受害者正式向日本政府提出损害赔偿诉讼，土屋先生担当日本辩护律师团团长，从那时起，他在日本法庭上进行了长达10年之久的司法斗争。此后，土屋先生又担任重庆大轰炸受害者赔偿诉讼的辩护律师团团长，直到谢世，土屋先生一直奋斗在"战争善后处理"的第一线。其间，土屋先生多次亲赴中国战争受害现场，考察日本侵略战争给中国民众带来的巨大灾难，倾听战争受害者的证言，亲身感受到战争给中国人民造成的巨大伤害，并痛下决心为恢复战争被害者的尊严，敦促日本政府对侵略战争和加害历史反省谢罪，做出应有的赔偿。

土屋先生在学生时代被强征入伍，亲身体验过战争的残酷和悲惨，甚至在军令下险些犯下虐杀战俘的过失。痛定思痛，在战后的日子里，骨子里原本就充溢着浩然正气的土屋先生，积极投身到反战和平的运动潮流之中，以至一度被解除学籍，但他仍然矢志不悔，一如既往地把自己的生命融入保卫世界和平、反对侵略战争的神圣事业之中。

土屋先生从事律师职业以后，更把维护正义、捍卫人权视为职业的第一生命。正是出于此"公心"，土屋先生不惧强权，不畏攻讦，毅然决然地参与731部队细菌战受害诉讼和重庆大轰炸受害诉讼，率领 200 余名有良知的日本律师，与原告团一道，进行了不退缩、不妥协的法庭斗争。其间经历了几多挫折、几多误解和几多磨难，甚至日本右翼分子的威胁和恫吓。土屋先生置己身于度外，慷慨激昂，据理力争。尽管中国人的受害赔偿诉讼均因日本最高法院最后的"国策判决"败诉，然而，日本各级法院面对证据确凿的桩桩事实，不得不承认日本战争期间犯下的斑斑罪行，为清算日本战争责任和战后处理奠定了有力的基石。土屋先生及其率领下的日本辩护律师团功不可没。

遗憾的是，我虽与土屋先生神交已久，却一直未曾谋面。记得东京地方法院正式开庭前的冬季，731 细菌战被害诉讼辩护律师团事务局局长一濑敬一郎先生与原告团团长王选女士冒着零下二十几摄氏度的严寒来到黑龙江社会科学院，收集 731 部队的犯罪证据，商谈法庭辩论事宜。众所周知，731 部队的大本营在哈尔滨，它的几个重要支部也在黑龙江地区，所以，我在从事伪满洲国史的研究过程中对 731 部队多少有些了解。此次中国人细菌战受害诉讼提交日本法庭，更引起我的特别关注。在日本市民团体 ABC 企画委员会的帮助下，我得以及时收集诉讼的进展情况以及社会各界的反响。其中，尤对日本辩护律师团和许多市民团体对中国人细菌战受害诉讼的大力支持感怀颇深。可以想见，如果没有他们的支持，中国人的战争受害诉讼势必会遭遇更多的波折和磨难。而土屋先生站在维护人间正义的立场上，在几次判决后的声明，以及记者招待会上大义凛然地斥责日本司法机关及政府，强烈要求日本政府必须对细菌战受害者谢罪赔偿，土屋先生慷慨陈词，掷地有声，更使我的敬意油然而生。

2001 年 12 月 26 日，东京地方法院以"国家无答责""个人无申诉权""超过时效"等为由，宣判遭受日军细菌战毒害的原告方败诉。土屋先生代表日本律师团郑重发表声明称，"日军实施细菌战，同纳粹德国残杀犹太人一样，是人类史上罕见的野蛮行径，是无可类比的肆无忌惮的战争犯罪"，"我律师辩护团坚信，在细菌战审判的斗争中，一定能够打开突破口，打破法庭延续使用的关于战争赔偿的陈腐法理的坚冰壁垒"，"我们相信，当了解细菌战事实的人们大幅度增加，民众的声音包围法院，打动了法官的良知之时，赔偿和谢罪的判决一定能够实现"，"我辩护律师团决心同原告团、声援团一起，为审判斗争的最后胜利而战斗"。①

土屋先生的声明掷地有声，不仅代表了日本律师团的庄严立场，也表达了中国细菌战被害者的心声。我看到这份声明后，不禁为土屋先生的浩然正气和战斗意志而感动。

在日本最高法院做出最后判决之前，律师团又接手了重庆大轰炸的受害诉讼案件。为了收集整理日军轰炸重庆等地的证据，在北京大学徐勇教授的推荐下，受一濑敬一郎先生的委托，我接手翻译从事重庆大轰炸研究的学者前田哲男先生的大作——《战略轰炸的思想》（中文版为《从重庆通往伦敦、东京、广岛的道路——二战时期的战略大轰炸》，中华书局，2007），并以此为契机，有幸受一濑先生的邀请多次赴重庆，忝充一濑先生的翻译，一同访问大轰炸受害者，倾听他们的证言，考察大轰炸遗址，因而对重庆大轰炸诉讼案件略有了解。

2005年11月，一濑先生来电话，告之土屋先生准备去四川乐山考察，邀请我届时务必前往，一同调查乐山大轰炸受害情况，并与受害者会面，整理和收集被害者证言等。遗憾的是，由于当时课题压力缠身，又想来日方长，所以未能成行，却不料失去了与土屋先生晤面的最后机会，成为终身憾事。

后来，得知土屋先生辞世的消息，我悔恨不已，连夜写了一篇短文发给一濑先生，以寄托对土屋先生的哀思和敬慕：

土屋先生及其律师团……作为日本人，敢于正视自己国家

---

① 该声明发表在731·细菌战裁判キャンペーン委员会/ABC企画编《裁かれる细菌战》第8辑，2002年10月，内部版，第10~13页。

过去的罪恶，并且毅然站在正义和战争被害者的立场上，与本国政府、司法当局进行不妥协的斗争，为的是维护人类的正义，谋求东亚乃至世界的永久和平，这该是多么了不起的心胸和境界！不能不使人们肃然起敬。从这一意义言，土屋先生及其律师团可称之为大爱无疆，他们与那些口口声声自诩为爱国主义的右翼势力对比，简直是天壤之别！

土屋先生走了，带着人们对他的爱、对他的崇敬走了，日本人民不会忘记他，中国人民也不会忘记他，历史更不会忘记他……

日本著名历史学家荒井信一在本书的序言中，评价土屋先生是一位有"恒心"之人，称赞他"总是站在弱者的一边致力于实现社会正义"。

土屋先生在诗作中写道：

老骥伏枥日，
余生赍志行。
为了和平愿，
何惜奉此生。

土屋先生在日本律师界是一位十分有影响、有威望和有深厚法律修养的人物，曾任日本东京第二律师会会长及日本律师联合会会长。更重要的是，土屋先生是一位普通人。为了获取第一手资料，他不计年老体病，多次利用节假日深入中国的偏远地区，耐心倾听战争受害者的痛诉，和蔼地向受害者宣讲诉讼的意义。凡是接触过他的中国受害者以及学术界和司法界人士，无不敬慕他的人格魅力。他对中国人民及战争受害者的深厚感情，对恢复人间正义的强烈诉求，对倒行逆施、泯灭人性行径的凛然大义，又表明他是一位高尚的人、正直的人、值得中国人民尊敬的人，更是一位闪耀着律师正义之魂的人!

　　由于译者能力所限,对原著的翻译可能有舛误之处,敬希大家指正。另对文中读者可能生疏的事件、人物或词语等,均加以注释,附在页下。

　　借此机会,感谢北京大学徐勇教授,感谢多年来为中国战争受害者奔波辩护的日本律师团事务局局长一濑敬一郎先生以及他的同事,尤其要感谢在日学者聂莉莉先生在百忙之中帮助修改校译,并对中国社会科学院近代史研究所、社会科学文献出版社的大力支持表示由衷的谢意。

王希亮
2012 年清明节
于哈尔滨方裕斋

目 录

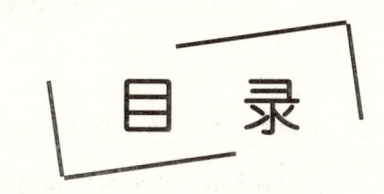

绪　言 　　　　　　　　　　　　　　　　　　　1

第一部　懂得战争的悲惨与荒谬的一代

第一章　把生命托付给了战场的青春　　　　　3
第二章　重新回到学生时代　激荡时代的斗争　24
第三章　人生转机　结婚与通过司法考试　　　46

第二部　律师人生

第四章　身为市民派律师的自豪感　　　　　　55
第五章　坚持司法独立　　　　　　　　　　　73
第六章　为什么必须实行律师自治制度　　　　83
第七章　沉默是大罪　　　　　　　　　　　　92

第三部　我与战后赔偿的斗争

第八章　为了解决"慰安妇"问题　　　　　　　101

第九章　731部队细菌战审判　　　　　　　　112

第十章　重庆大轰炸受害诉讼的意义与最高法院
　　　　四·二七判决　　　　　　　　　　157

结　语　　　　　　　　　　　　　　　　　　172

附　土屋公献反战之歌　　　　　　　　　　　175

绪　言

　　1943年12月,我作为学徒出阵参加了海军,后来在小笠原的父岛迎来了日本的战败。1943年这个时点,许多日本人已经看出日本战败的迹象,但是,那是一个不能发出自己声音的时代。

　　与我同代的人成长于抹杀人们良心和言论的时代,经历了战争动员,体验过战争的残酷,为战争耗费了青春,还有许多同学朋友在学业中途战死而去。

　　回首自己的战争体验,我对现今政府所进行的种种战争准备之举绝不能漠然置之。作为懂得战争之惨绝人寰的一代人,为了和平,趁着战争还没有成为现实发出反战的声音,正是我们应该负起的责任。我有一个很强的意识:沉默是大罪!

　　事实上直到今天,有关战争受害的许多问题仍然没有解决,但大半的日本人会说已经是六七十年前的事了,为什么还要旧话重提呢?而与此同时,受害各国的战争受害者们的愤慨愈来愈强烈,喷发出怒火。

　　今天,日本在战争时期的加害行为,不断遭受到世界各国的强烈谴责,联合国等国际组织也再三发出了要求日本采取措施的劝告。

　　然而,日本完全无视国际动向,一直摆出一副已经解决了的样子。政府之所以表现出这样的态度,与其推进战争的政策不无关系,这样的政府非常令人遗憾,是不能容忍的。

关键问题在于,战后60年乃至70年间,日本国家对战争受害者丝毫没有任何作为。为了实现世界和平,发动了战争的加害国政府首先必须承认对受害者的加害行为,并从内心予以反省和谢罪。

忘却战争历史事实本身,便是迈向下一次战争的第一步。绝对不能让战争再度重演。我作为亲身奔赴战场的一名日本人,而且作为一名律师,决心把直到离开这个世界前的余生奉献给战争遗留问题的解决。

基于上述所思所想,在本书第一部里讲述我的战争体验及学生时代;第二部陈述我所投身的律师事业及司法之使命;第三部是对战后赔偿问题的思考以及我所参与的各项活动。

第一部
懂得战争的悲惨与荒谬的一代

第一章
把生命托付给了战场的青春

与生俱来的血性

　　大正 12 年（1923）4 月 3 日，我出生在东京市芝区（今港区）爱宕町，上有 5 个姐姐。好不容易生下一个男孩，父母高兴万分；后来又生下一个弟弟，兄弟姐妹共 7 人。

　　我出生半年后的 9 月 1 日，发生了关东大地震。当时我正随同父母住在母亲的老家金泽。听母亲说，当时金泽也有很强的震感，等到《号外》出来，才知道是东京发生了大地震。5 个姐姐与祖母住在东京，地震发生后，祖母背着最小的姐姐到上野的山里避难，一家人侥幸无事。

　　但爱宕的房子被地震后的火灾烧毁了，一家人搬到本乡追分町。我是在离向丘第一高中不远的追分小学上的学。1935 年，上小学 6 年级时，第一高中与位于东京驹场的东京大学农学部交换校址，我记得自己站在路旁望着第一高中搬迁的队伍远去。

　　我天生就有点血性，到今天依然如此。小学时代就做过一些莽撞的事。记得小学 6 年级一天的午休时间，低年级同学正在操场上打棒球，几名与我同年级的同学跑过来把低年级同学撵走，占了场地。我看到这个情景不免十分气愤，就跑到操场上盘腿打坐，故意给他们捣乱。同年级同学生气了，拿起橡胶球狠狠地朝我的脸上打来，可是我仍然坐在操场上纹丝不动。类似的例子很多。尽管如此，选举班长时我还是总当选。

小学毕业后我不想入普通中学，打算进位于水道桥的府立工艺学校（今都立工艺高中），可是没有考上，只好进府立第五中学（今都立小石川高中）的夜校部，却又患了浸润性肺结核，休养了近一年。第二年，我进入位于深川的府立化学工业学校。当时，府立工艺学校和化学工业学校的入学考试竞争很激烈，录取比例仅为13∶1或14∶1。我在这所学校学习了5年。

从小学到高中我一直习剑道，高中时达到了剑道二段。但是，这个二段后来险些给我带来大的灾难。

府立化学工业学校是一所纪律严明的学校，而且，因为是化学学校，虽然在中学3年级之前与普通中学没有区别，但到4、5年级时增加了化学实验课程，手里摇着试管，一会儿变成黄色，一会儿变成红色，一来二去就有些生厌了。我对理科不怎么感兴趣，决定去学文科，但在参加蒲和高中考试时却败下阵来，只好当了一年"浪人"①。第二年我报考静冈高中，该校是在化学工业学校时教我国语的高桥一夫先生的母校，考试合格了。

学徒出阵　参加海军

1943年4月，我进入静冈高中。因为患病耽误了一年，加上当了一年高中浪人，所以我比同班的同学们大两岁。入学8个月后，就遇到军队招募学徒兵。

1943年10月21日，明治神宫外苑召开"学徒出阵壮行会"，

---

① 浪人原指日本战国时期失去主人的武士，甲午战争前后，一批日本右翼团体成员进入大陆，为日本军事扩张政策效力，被称为"大陆浪人"。战后日本沿用"浪人"一词，指一时未能继续升学或就业的人员。

参加者是来自东京、神奈川、千叶、埼玉等市县的大学、高中、专门学校的 20 岁以上的青年学生。与此同时，在全国各地也召开了壮行会，我是在静冈参加的。

战争后期，当局废止了对学徒的延期征兵制度。① 在此之前，实行对学生延缓征兵的特殊照顾。实际上，同为学生也有不同，文科学生到了 20 岁就得应征入伍，理科学生则不必入伍。因为理科学生可以直接为战争服务，如医科学生可以当军医，工科学生可以制造武器弹药，因此理科学生就可以不去当兵了。而且，文科学生被认为有些轻狂、懒惰，其中还有人批判战争，因此文科学生不断被送入军队。

1943 年，日本已经出现明显的战败征兆。我入伍时的想法是，为了保卫日本的老人、妇女和儿童，身强力壮的年轻人应该上前线，自己应该承担这个责任。

熟悉世界史的人应该知道，在那时的日本，即使在学生当中，也有一些人知道日本所发动的战争的愚蠢，对战争进行尖锐的批评。但是，很不幸这些人也作为学徒出阵的成员被送进了军队。他们在军队里十分懊悔、苦恼，可又不得不服从军令，许多人就是在懊悔和苦恼中死去了。

我那时的想法是比较单纯的，只是想强壮的年轻人应该站到前面，庇护后方的老幼病残者，没有什么更深刻的思想。我也曾想过，战争是不会有什么好结果的，但是我没有办法，只能做自己能做的，这是我学徒出阵时的心态。

所以，那时的我对战争没有强烈的质疑，也没有什么烦恼，大不了拼上一条命就是了，什么时候战死也就一了百了了。就这样，从一开始，我就怀着不能生还的念头，心想反正是一个死，这样一来，也就没有什么烦恼了。

---

① 日本一般称小学生为儿童，初、高中学生为生徒，进入大学后称学生，统称"学徒"。

在我面前有两种选择，海军或陆军，如果没有要求的话就被陆军招去。我考虑还是海军好一些，就加入了海军。我意识到投身战争结果就是一个死字，但加入陆军恐怕战死后会尸落荒野，而海军则可以与军舰同殉，成为鱼饵。我那时还是经过挺认真的考虑之后加入了海军。

12月，我进入横须贺的武山海兵团当海军二等兵，接受了一个半月的水兵基础训练。我所在队有120人，分8个班，每班15人，由下士官教练负责训练，十分严格。因为我们这些人训练结束后就会晋级为预备生徒，比下士官的军衔还高，所以，遇上好的下士官还好，遇上恶劣的下士官，我们这些二等兵就要受欺负。

上等兵军曹K就是这样的人，不让人吃饭是他的惩罚手段，很是缺德。有一天晚饭吃炖牛肉，学徒们用大碗盛牛肉，小碗盛米饭，小碟装咸菜。可是，K却命令我们"一分钟内吃完"。牛肉很热，我只能吃一口牛肉再吃一口米饭，连1/3都没有吃完哨子就响了起来，K吼着："停止吃饭！剩下的全部放下！"这时我才发现会想办法的人把牛肉拌在米饭里吃，真后悔自己怎么就没有想到这个吃法。结果，没有吃完的人只好眼巴巴地搁下了筷子。那时，大家都是处于非常饥饿的状态，有饭却没能填饱肚子怨恨会更大，恐怕一辈子也不会忘记。

出于性格原因，我有时与上级长官也要争个高低。长官命令"这样做！"我认为不对就会抗议或者争辩道："为什么要这样做呢"，"我认为应该那样做"。所以我经常被K用擦拭步枪的探条殴打，而且他专打头部，发出砰砰的响声，有时我被打得头破血流，至今头部还有一个大疙瘩。

有一次家属会面时，正是被K殴打的第二天，我特意戴着水兵帽，可是不知什么时候把帽子摘了下来，父亲看见我头上的疙瘩和血斑，就问："这是怎么啦？"我告诉父亲是长官打的，父亲很生气，表示要和部队说道说道。我说："算了，要是去说，你走后我更要挨打。"

一个月过后，举行了简单的学科考试，内容是初级三角函数、常识性英语和国语，大学生及旧制高中生都能合格。考试合格后，大学生晋级为海军预备学生，高中生成为海军预备生徒。预备生徒被送到旅顺进行训练。

正值1月末，旅顺的气温在零度以下，我们戴着双层手套训练还是感到非常冷。旅顺有许多日俄战争的遗迹，203高地、水师营、东鸡冠山等（日军与俄军在各自战壕近距离对峙，传说打仗时双方军人互扔食物）。军方认为，在这样严酷的地方对新兵进行战争教育的严格训练，可以培养他们的军人精神。

我们在旅顺港的训练科目是在冰冷的海水中进行12人艇的划艇训练，很艰苦。陆上训练是环绕战争遗迹的马拉松长跑、钻槐树林长跑等。我擅长中长距离跑，在训练中总是最先到达目的地。在这里的训练一直持续到6月。天气转暖之后，旅顺的街道上弥漫着槐花的芳香。7月，我被调到长崎大村湾的川棚鱼雷艇训练所。

在这里主要进行鱼雷艇驾驶及鱼雷发射训练，到12月结束。操纵鱼雷艇及掌舵的工作由士兵执行，我受的训练是练习操作指挥，调整对准攻击对象的"射角"，下达"满舵""发射"之类的命令。

训练时正赶上特攻队队员征募，志愿调查的表上有五个选择，"特别热烈希望""热烈希望""希望""怎么都行""不希望"。报名者须选择其中一个，写上自己的名字交上去。我选了第一档"特别热烈希望"。后来询问同伴们，大多选了"特别热烈希望"或"热烈希望"，约占80%。为什么大多数人希望加入特攻队呢？当然每个人有自己的心思，我不好随意猜测。至少对于我来说，是想在团队中炫耀自己，显示自己的勇敢和不怕死。还有一个原因，是训练时总饿着肚子，去特攻队就可以有好一点的食品果腹，反正总是要死的，既然不能活着回去，吃得饱饱的再去死也值得。这些就是我当时报名特攻队的真正动机。

也有人"勇敢"地选择"不希望"，但只有一两个人，他们被点名出列，被训斥"不具备军人精神"，之后被取消了预备学生或预备生徒资格，降为二等兵，从此便从我们当中消失了。不久，被征募为特攻队队员的人也消失了。

我虽然填写了"特别热烈希望",但没有被批准为特攻队队员,有可能是上边想让我留在鱼雷艇,所以没有送我去。训练结束就去哪个部队的问题再次征求个人意见时,我表示愿意留在鱼雷艇队,但被问道:"你不是长子吗?真的想好了吗?"我干脆地回答:"想好了!家里还有弟弟,没问题。"

当海军是很辛苦的,我从水兵干起,好不容易当上了少尉候补,1944年12月末被分配到第二鱼雷艇队。

编入父岛鱼雷艇队

当时日本有两支鱼雷艇队,第一鱼雷艇队在千岛群岛,第二鱼雷艇队驻扎父岛。1945年1月,我乘运输船到达父岛。

运输船是开往硫磺岛的,有大量士兵在船上,大多是去往硫磺岛。我有朋友在船上,也是去硫磺岛的。船到父岛后暂时靠岸,我与一部分人下了船,之后船继续向硫磺岛航行。同伴们站在甲板上挥着帽子告别,挥帽子是海军的一种礼仪。

父岛山峦起伏,几乎没有平地。硫磺岛是坡型地貌,有飞机场和很多陆军、海军人员。在与我同乘一条船去硫磺岛的伙伴们登岛一个月后,美军开始了对硫磺岛的攻击。进入2月,硫磺岛海湾集结了大批战舰、航空母舰、巡洋舰、驱逐舰、运输舰等,美军登陆作战开始了。结果是硫磺岛守备队全军覆没,只有少数人成为俘虏,大部分都"玉碎"了。

父岛是小笠原群岛的中心岛屿,位于东京以南1000公里,距硫磺岛200公里。父岛是南北6公里、东西4公里的小岛,除陆军大部队外,还有海军陆战队、高射炮队、震洋队①及鱼雷艇基

---

① 震洋队是战争末期日本海军建立的快艇部队,由队员驾驶快艇冲向敌舰,与敌同归于尽。——原注

地。鱼雷艇是长 18 米、排水量 20 吨的快艇，可乘坐 10 人，艇两侧有发射管，管内各有一枚鱼雷，用以实施对敌舰艇的攻击任务。

父岛的鱼雷艇经常出没于硫磺岛附近的海域，攻击集结在硫磺岛海湾的美军军舰或运输船。美军为了消除鱼雷艇的威胁，决定摧毁父岛的鱼雷艇。父岛有三十几艘鱼雷艇，无数美军飞机从航空母舰起飞，飞到父岛上空。

2 月 16 日，美军向硫磺岛发起总攻，包围硫磺岛的军舰同时开炮。作为同步作战，对父岛的猛烈轰炸也于 2 月 17 日展开，其一个目标是消灭鱼雷艇队，另一个目标是破坏设在夜明山的日本海军通信所。该通信所是为了确保南太平洋日军同日本大本营的联系而设立的中转设施，具有重要作用。因此，通信所设在夜明山山顶附近的防空壕深处，天线也利用父岛复杂的地形加以隐蔽，结果，美军摧毁通信所的意图没能实现。最近有一部关于硫磺岛的电影，引人注意的场景是仗打到最后，最高司令官栗林中将发出了最后的信号，那个信号就是从这个父岛通信所发出的。

美军的战斗机及轰炸机用机枪向鱼雷艇扫射或投下小型炸弹时，我们也要迎击敌机。美军攻击驻岛陆军及其他海军部队时，我们不一定要还击，但是他们要是攻击鱼雷艇，我们就要开动鱼雷艇用机枪对准美军飞机拼命地射击。

美军飞机一面用机枪扫射，一面俯冲下来投下火箭弹，火箭弹是一种一旦对准目标就直投过来的炸弹。鱼雷艇受损之处虽然不少，但意外的是死伤者不太多。

在鱼雷艇上，有些战友见敌机扑来就抱头躲避，我却站立着不动，有一次被弹片划伤颚部，所幸没有击中要害，只是受了点轻伤。有时美军飞机被我们的炮火击中，驾驶员便跳伞降落下来。

我虽然是第一次参加战斗，可开始时并没有感到害怕。不可思议的是子弹就在身边嗖嗖地飞来飞去，却没有什么恐惧感。但是我的身边不时有战友死去。如果是含笑而死，或者高喊"天皇陛下万岁"而死，那该是多么漂亮的死法呀。可是，战友所中的子弹是从口中射入，贯穿头部和铁帽盔，眼球蹦出，血污从口中喷出。亲眼见到这种惨死的景象，我不由得感到心寒，联想到自己或许也会像战友这样地死去。死，近在身边。

受命斩首美军俘虏

我在小笠原的所有战争体验中，最残酷的是对美军俘虏行刑。我受命对乘降落伞落地的美军俘虏予以斩首。这位美军俘虏是个军阶为中尉的年轻人，名字叫 Warren Earl Vaughn，我们称他"瓦联鲍"（音译）。

乘美国空军轰炸机攻击父岛的作战人员中，美国总统布什的父亲老布什也在其中，而且也是飞机中弹后被迫降落的美军士兵中的一员，幸运的是他降落到海面上，被美军潜水艇救走，而那些降落到海岸附近或者岛上的美国士兵则成了俘虏。

父岛抓获了数名美国士兵，将这些俘虏全部用残酷的斩首方式处死。如果他们逃走返回潜水艇，会泄露父岛的情况，就会带来大麻烦。加之，父岛的饮食供应十分困难，没有可供俘虏活命的粮食，如果不给他们饮食，会被指责为虐待俘虏。本来国际法明确规定"不得杀害俘虏"，但是当时的日本军队完全无视国际法条约，将俘虏全部杀掉了。

决定斩首瓦联鲍时，长官命令我说："土屋，你是剑道二段，那个俘虏由你用日本刀斩首！"我虽然是剑道二段，但并不精于刀术，不过比起那些完全不入门的人，或许多少了解一些日本刀的用法。所以，当上级命令我执行斩首任务时，我并没有表示抗拒。

我当时的心情是，反正不能活着回去了，做什么也都无所谓了。岛上大约有1万名官兵，另有少数民间人士在部队里帮忙，没有一名女性。当时人们都在想父岛终归要全军覆没，人活着的时候总要做些事情，但并不想做坏事。可是，对处决身为敌人的美国士兵，人们甚至感到愉快。虽然我并不想去砍人家的脑袋，却不能拒绝，上级命令斩首就斩首吧，权作一次战斗而已。

可是，在执行斩首的前一天，一位名K的少尉提出申请，希望由他来执行。K少尉是从C大学参军的，剑道四段，技术方面当然比我强。于是上级急忙通知我说："土屋，你是二段，K是四段，让他执行吧！"就这样，K少尉勇于受命，第二天，果然非常麻利地一刀砍下了俘虏的头颅。斩首的瞬间，只听咔嚓一声响，坐着的俘虏，头颅落下，血浆喷出，扑通一声向后倒地。于是，士兵中间响起一阵叫好和鼓掌声。

处斩瓦联鲍大约是在3月中旬，记得当时硫磺岛的战役还没有结束。另据美国作家James Bradly所著 *Fly Boys* 一书记载，瓦联鲍被斩首是在1945年3月17日下午3时左右。

处斩瓦联鲍这一天，我是值日军官，任务是保证部队当天的日程圆满进行。瓦联鲍事先被关在鱼雷艇上，我负责把他押到执行现场，然后把他的眼睛蒙上，命他盘腿坐下。

我多少能讲一些英语，瓦联鲍被关押期间，我曾经与他有过简单的对话。我问他多大，他说22岁，我虚岁也是22岁，实岁21岁，他比我大一岁。我问他："你有女朋友吗？"他回答说："还没有谈过恋爱，只有母亲一个人，每天翘首盼着我回去。"听了他的回答，我觉得他真是可怜。

瓦联鲍从被送到鱼雷艇部队到被斩首，大约有一周时间，或许更长一点。他被关在鱼雷艇防空壕的最里面，没有隔离间，也没有绑他，有人负责看管，给他吃的东西比我们的还要好一些。他也清楚自己的处境，并没有逃跑的念头（后来关于父岛战犯事件的记述中，称瓦联鲍被押到鱼雷艇部队后，K司令立即命令K少尉将其斩首，事实并不是这样）。

我当时还不是少尉，只是少尉候补生，瓦联鲍是中尉，是下级军官，看得出他是正直的人。为什么原本善良、没有任何罪恶之人，会驾着飞机来这里杀死这边的许多人呢？而日本一方，为什么非要残忍地把他杀掉不可呢？

战争，是那些发动它的国家领导层犯下的罪恶，普通人被他们拉入充当了牺牲品。被人夺去生命或夺去他人的生命，再没有比这更荒谬的了。可是当时我的想法是，日本攻击中国，如今反过来美国攻击日本，在这种不知何时即将毁灭的当头，为了防卫，自己被驱使到前线也是不得已的，为了保护老人、妇女和儿童，年轻人在前方浴血奋战是理所应当的。

瓦联鲍被砍掉了头颅。这是一次非常干脆的斩首，瓦联鲍没有哭也没有叫，从容地坐在地上，被一刀砍掉了脑袋。其他部队也处斩俘虏，有的俘虏哭泣着，蜷缩身体躲避，所以斩首时很难下手，有时一刀下去不能解决，还要继续斩砍其他部位，出现非常凄惨的场面。

剑道四段的K少尉因为这次干脆利落的斩首而名气大振，被誉为男子汉。从第二天起，他在岛上就成了英雄一般，走路时也意气风发。但是K少尉的好日子也只限于战争这段时间。

战场上的饥饿

小笠原群岛的父岛是个很小的岛屿，粮食不足，大家都饿得发慌，营养不良，我也不例外。又碰上脚趾受伤，就像冻伤一样皮质脱落，治了几个月也不见好。岛内养的许多狗不知不觉都"失踪"了，全被士兵们吃掉了。有时士兵们还打一种叫作"绣眼鸟"的小鸟，抓大一点的蜗牛来吃，吃岛上的合欢树籽，虽然传说吃这种树籽的人可能会变成秃头。

为了解决粮食不足的问题（日本战败后才听说，其实为了长期守岛，岛上储存了好多粮食），山里的平地被开垦出来，但因为是沙质的贫瘠土地，长不好庄稼。鱼雷艇部队在田里种了一些南瓜，结的瓜软乎乎的，但总比没有吃的强。到了收获的季节，美军飞机在投弹时还投下传单，上面写着"眼看到南瓜收获的季节了，你们高兴吧？"是用日语写的，像是在讽刺我们。等到下一次轰炸时，美军的轰炸机就把燃烧弹投到南瓜田，待收获的南瓜一举全部报销了。眼看着即将收获到手的南瓜化为乌有，我们心里惋惜却没有任何办法。

由于硫磺岛全军覆没，担负粮食供给的北硫磺岛部队80余人陷于完全的孤立状态。1945年7月，为了救出这些人，第二鱼雷艇部队奉命出动。

这也是我第一次接受出击作战任务，舰队到达北硫磺岛时天已大亮，无法实施营救任务，只好返回。又第二次出动才营救成功，但也并没有把北硫磺岛的全体人员救回来，还剩下三十几人，被留在岛上的士兵们一直喊着："一定要回来接我们啊！"此次出击中，K司令所乘的司令舰遭到美军驱逐舰攻击，舰艇被击沉，K司令战死。司令舰上的S兵曹长浮游在水面上获救了，H中尉在舰艇被击沉时，准备服用事先准备好的氰酸钾铝，但因人落在海里无法服用，被美军救出后当了俘虏。

处决瓦联鲍的那天，我是值日军官，通宵执勤到早上8点。半夜警备队押着两名扛锹的士兵回来了，我上前询问，得到回答说这两个人在挖掘埋俘虏的土坑，准备吃死尸的肉！其中一名士兵说："我哥哥在瓜达尔卡纳尔岛被美国兵残杀了，他饿得快死了，倒在地上被美军的战车碾死了，死得好可怜。我要报仇，所以才去吃俘虏的肉！"其实，他们说的只是表面理由，真正的理由是肚子的确太饿了。我向两名士兵说教道，那些俘虏死得很从容，不要再去碰他们。

值日军官必须把当天发生的事情全部记录下来。第二天早上，在向司令汇报时我讲了夜里发生的事情，没有想到得到的回答是："为什么不让他们去吃呢！"可见当时战场上充满杀机，人们都以为谁也不可能活着回去，所以无论做出什么样的事情都没有什么了不起的了。

只要是能吃的不在乎是什么就吃下去，在这种凄惨残酷的环境下，我总在想，父岛还能挺多久，如果美国人登陆了会是什么样。

结果却是美国人没有在小笠原群岛及父岛登陆，因为硫磺岛上有飞机场，足够有效地发挥美军轰炸东京的基地作用了。随着硫磺岛的陷落，父岛失去了军事价值。尽管美军对父岛的轰炸还在持续进行，但无论是对美方，还是对日方，父岛的存在都不再重要了。

由于饥饿的蔓延，战地心理变得十分可怕。有人就是因为在父岛吃俘虏的尸体，战后被作为乙级和丙级战犯嫌疑人受到审判。我的确曾经制止过食人肉之举，但没有亲眼见过其他部队的实际状况。战后，美军关岛军事法庭在审理乙级和丙级战犯嫌疑人时，指控父岛日军最高司令官立花陆军中将、的场大佐，海军特别独立根据地司令官吉井，以及部分军官、军医等人残杀俘虏及解剖俘虏遗体的罪行，分别判以绞刑或者有期徒刑。战场上食人肉之事不是空穴来风，而是真实存在的。

有一次，我受到距离第二鱼雷艇部队不远的陆军大队的邀请去吃饭，大队长是M中佐，在陆军部队中很有势力，很霸气，能喝酒，酒后放荡不羁。

去M司令部时，桌子上食品丰盛，有小笠原大虾，比普通的伊势龙虾还要大，一个人面前一只，还有其他各种菜肴。一直陷于饥饿状态的我高兴万分，大快朵颐。

我是一个爱刨根问底的人，喝高了时不免多说一两句，M大队长颐指气使地冲我喊道："喂，那个候补生，到这来！刚才听你说这说那的，尽是些强词夺理，你是个什么东西！"竟然怒吼起来。此人块头大，酒醉后经常殴打部下，而且打的方法也非同寻常，常使被打者受伤，需由军医治疗才能康复。这在曾在父岛部队服役的人员的回忆录里有所提及。

这时，M中佐已经喝得酩酊大醉，吼了几声之后倒身睡去。见到刚才还怒气冲冲的M中佐一眨眼间就睡着了，我当时真是感到又好笑又滑稽，便高声唱起部队里流行的"轰击、击沉"的战歌。谁知这时M中佐突然一跳从床上爬起，不由分说地打了我一顿，我被打倒在地，先是失去了知觉，之后也就睡着了。或许M

中佐还在醉梦之中，或许是因为打得累了，他踉踉跄跄地倒在了我的身上。

过了许久我醒了，天边已经发白，我想不能再待在这里，于是费力地从 M 中佐的身体下爬出来，一个人跌跌撞撞地沿着山道走到海岸，海风一吹就清醒过来了，脸上有异样的感觉，可是没有镜子。等到回到部队找镜子一看，脸已经红肿成紫色。这个样子不敢见人，之后的一周左右就躲在了主计课的办公室里。主计长是个大尉，非常通情达理，他说："你这个样子就别在士兵面前露面了"，于是把我藏在办公室里，开饭时把饭给我打回来，直到红肿消去。

鱼雷艇部队和其他部队的往来不太多，所以我知道的不多，但是也知道父岛陆军军官们残暴放纵，很让士兵们窝火在心。士兵们每天陷于饥饿之中，军官们却每天举行宴会，而且配给士兵的酒也被军官们喝掉了。所以，日本战败后，M 大队的士兵们闹了起来。

战争结束　状况大变

1945 年 8 月 15 日战争结束，大家在防空壕里听到天皇宣布日本投降的广播，都哭了起来。刚开始的一两天，人们气势汹汹的，"日本太不像话了！""为什么要投降？都是周围的人唆使天皇投降的"，还有人主张在岛上坚持战斗直到战死。

得知日本战败，我首先想到命保住了。本来应该更早一点投降的，但是最初，我因不了解日本本土的惨状，心里还想："没想到来得这么快，日本人是有一点精神的，为什么不再坚持下去了呢？"过了几天之后，我终于体会到了战争结束的解放感。

战争期间由于没有得到充足的食物，我们总是处在严重的饥饿状态之中。实际上，父岛部队早有被围困一年到两年的应对措施，防空壕深处的仓库里储藏着足够食用几年的粮食。战败后，部队认为如果剩下的食物被美军拿走就太可惜，于是大量的食物从仓库里搬出来，我们也开始得到丰富的食品供应。有鲑鱼罐头、牛肉罐头、日本酒、威士忌等，直到撤退前，还有大量的食物留在那里。美军根本就没有把这些食物放在眼里。

我因为营养不良十分消瘦，脚伤也一直未愈。食品变得丰富以后，脚伤自然而然地就好了，体力和体重也都逐渐恢复了。除食品外，其他的物资也很丰富，回日本本土时已是冬季，我们被告知毛毯可以随便带，只是因为携带起来不方便，带不了许多。有些士兵把毛毯拆成毛线编织成毛衫。海军部队里有许多能人，过去从事各种职业。其中有一位木匠，他用修理鱼雷艇用的丝柏木做成伊势神宫的模型，供奉在防空壕的最里侧。还有人制作了小提琴，琴弦用的是通信队的电话线或钓鱼线。

战争结束前，部队征集"父岛海军之歌"，我作的一首入选了，由作曲家谱了曲，但还没等唱战争就结束了。为我的词作曲的是原南十字星乐团第一小提琴手K水兵长。

战败后，我们在岛上会被怎样处置呢？有流言说将会作为美军俘虏押到南方充当重苦力干多年。父岛位于东京以南1000多公里，是不是要被押到再往南的塞班岛呢？或者被审判呢？大家都在猜测着。

不过，战争毕竟结束了，不用担心被轰炸，免去了死亡的威胁，我们的生命是保住了。可是自己的心里总是在嘀咕："今后恐怕不好过，当了俘虏不知要服劳役多少年啊。"

父岛的二见港出口面向西，出港湾向右是北方，是返回日本本土的海路，向左则是南方。10月初美军登陆，大家认为我们会被送往南方，所以都比较悲观。后来看到美国没有让俘虏干重体力活（这在国际法上是违法的），人们才逐渐乐观起来。

9月3日，父岛的日军投降，10月6日美军登陆。日本军官将军刀挂在腰间，一个一个地把军刀解下来恭恭敬敬地捧给对方，美国人却是嘴里嚼着口香糖，"噢"了一声了事，目睹这些美国人的派头，我觉得他们真是有些傲慢。

日本官兵最担心和紧张的是今后被怎样处置。发现美国人的态度都很友好，我想，我们不会被押往南方了。

到了 12 月末，来了一艘气象观测船，作为运输船使用。官兵们满满当当地挤上了船，准备撤回东京，负责斩首瓦联鲍的 K 少尉也在其列。在船上，K 少尉对大家说："拜托诸位保持沉默，那件事一定要保密。"大家回答说："那是当然的。"我当然更要严格守约，若不是 K 少尉挺身而出，我就要去做这件事，所以，我有着强烈的愿望要严守这个秘密。

记得运输船停泊在蒲贺港，天气很冷，还下着雨，我们复员了。过了栈桥，当看到人群中张起的朱红色日本伞的时候，我心里一阵涌动，"啊，还是日本好呀！"已是岁末时节，我在横须贺港基地停留了一周时间，办理了复员手续，然后终于返回东京板桥区（今练马区）的家里。

斩首美军俘虏之事，大家都守口如瓶，但不知为什么，消息还是传到了美国人的耳中，MP（美军宪兵队）以虐杀俘虏的犯罪嫌疑发出逮捕 K 少尉的命令，并由当地警察做向导去 K 少尉的家乡搜捕。K 少尉返回家乡后就去了东京的 C 大学复学，不知是通过电报还是电话得知 MP 要来逮捕他的消息，当夜，他乘夜车返回乡下老家，被捕前，在自家的庭院里用刀割断自己的颈动脉自杀了。事情发生在 1946 年春天。

我听到这个消息时，从心里感到对不起他，他是替代我做了那件事，如果是我做，会是什么样的结果呢？K 少尉的父亲活着的时候，我去 K 的坟前祭扫过几次。如今，K 的遗属已有变化，我再去祭扫恐有不便，所以之后再也没去。但是，有好长一段时间我的心里一直非常过意不去。

复员后我又回到原来的高中就读。一天，一位同部队的战友来访，谈话中说起对杀害俘虏事件进行审判的事情，事件当日我是值日军官，是我负责给瓦联鲍蒙上眼睛，带到执行现场，审判时一定会涉及这方面的证言。所以，不能把"帮助杀人"的事情说出去。战友说："这些事情都不能说，如果被传为证人，大家的说法不一致就麻烦了。"原来，这位战友是为了大家在做证时能够口径一致才来的。当时，这位战友负责看管俘虏，军衔在我之下，军队里哪怕军衔稍微有高低不同，上下级关系的差别也是明显的。如今战争结束了，年龄比我大得多的战友一下子成了穿着西服背心的工薪阶层，我却不过是一个穷学生。最后我并没有被当作证人传唤。虽然我没有去做证，但瓦联鲍被处斩的事件通过审判被搞清楚了。

战争就是杀人或者被杀

　　东京和大阪遭受了惨烈的大空袭，全国各地还有不少城市也都遭到轰炸，广岛和长崎还遭到原子弹的攻击，人们都真真切切地体验到，战争就是杀人或者被杀。

　　像我这样直接拿着武器在战场与对手交战，因为手里握着武器，恐怖感尚不那么强烈。与此相比，在空袭中四处逃难的人们所体验的恐惧会是什么样子呢？他们失去了亲人，失去了家园，或者负伤，或者成了孤儿。那些在广岛和长崎的人们，连逃跑的可能性都没有。空袭中或死或伤，住宅化为灰烬后逃难，比起我们这些战场上的参战者，不是更直接地体验和面对战争的恐怖和凄惨吗！

　　因此，凡是当时活着的日本人，都应该非常了解战争的凄惨，他们有义务告诉后代不让战争重演，他们不该沉默。重庆大轰炸民间被害者提出诉讼时，我的这种意识越发强烈，重庆的受害者与东京大轰炸受害者的体验是相同的，当我看到那些体验过战争带来的灾难的战争孤儿，以及其他体验过战争伤害的悲惨遭遇的人们，我就会清楚地意识到，战争是荒谬的，绝不能让战争再度重演。

　　在我上小学和中学的时候，日本笼罩在清一色的军国主义的阴霾之中，是个讲话都要谨慎的时代，虽然我年纪小，但也懂得有思想统制和言论统制，经常会把"宪兵来了！不能说那个！"一类的话挂在嘴边。

　　当时人们真的是由衷地敬奉天皇吗？其实并非如此，谁也不会

第一章　把生命托付给了战场的青春

真的相信天皇是神，但这只能埋在心里。人们有时也会开些皇室的玩笑，比如模仿《教育敕语》"朕以为……"的形式，插入些无聊甚至失礼的话。可是，如果在公开场合这样做，结果肯定是被宪兵逮捕。这就是那个时代。

今天也是同样，国家逐渐开始了思想统制和思想教育，比如，强制挂"日之丸"国旗、唱《君之代》国歌，将皇室伟大化，置其于尊崇的地位，开始推行"皇室外交"等，这是值得高度警惕的。

如今的天皇家族成员没有战争罪，不宜对其进行过度指责，刚刚出生的天皇的孙女也是很可爱的孩子，她没有任何罪。但是，昭和天皇作为国家的"元首"，却没有受到任何触动，什么责任也没有被追究地度过了安逸的一生。如果对昭和天皇进行批判，就要遭到右翼势力群起攻击，这就是当今的时代。

最近，我为朝鲜总联[①]的诉讼做辩护，右翼的宣传车在街上狂叫"土屋是国贼，滚出日本去！"战争时代，"国贼"或"非国民"这类词汇起到了压制民众的作用，为了不受如此指责，大家都战战兢兢地过日子。如今右翼又操起了这些词汇，莫非是那让人胆战心惊的时代又回来了吗！在我的意识里，这种危机感与基于战争体验的反战态度结合起来了。

日本对中国发动侵略战争的过程中，在中国大陆杀害了2000万中国人（见中国军事科学院编《中国抗日战争史》），相当于日本总人口的1/4。日本死亡的人数是300万，其中包括军人和普通市民。日本是发动侵略战争的国家，尚有300万人丧生。战争，的确是杀人或者被杀的机器。

战争时期，像我这样的年轻人，与有家室的人不同，他们有妻子和儿女，年龄也比我大许多，他们如果战死，确实是很悲惨可怜的事情。实际上，有家室的士兵在战场上不太勇敢，虽然明明知道不大可能活着回去，却有着强烈的哪怕是百里存一的侥幸心理。因

[①] 在日朝鲜人总联合会的简称。

此，他们尽量避免危险的事情，当敌人子弹猛烈射来的时候，肯定要注意隐蔽以防被子弹击中。

我也许有些自卖自夸，的确，我的性格是不爱瞻前顾后，又是独身，随时做好了死的准备，所以当时是很勇敢的。

有一天，在鱼雷艇油罐摆放处，一个油罐被炸弹击中了，附近的油罐一个接一个地开始爆炸，当时有三十几个油罐排列在一起，必须把这些油罐迅速搬开。于是，我冲上前去，将油罐尽量向远离爆炸点的地方搬运，结果，三十几个油罐中大部分都保住了，只有七八个油罐爆炸了。

当时，与我一起入伍的士兵都是20来岁的人，独身没有家室。如果当时我有妻子和儿女，最先想到的肯定是如何逃离这场灾难。当然，在战时情况下，即使是这一次躲过了灾难，下一次就可能躲不过去。我在想，死去的士兵们的心情究竟如何呢？又是为了什么要去赴死呢？当时没有认真思考过。等到从战场归来后回头想，这究竟是为什么？战场上人们悄无声息地死去了，而且，名义上是战死的人中，却有相当数量之人是饿死或者病死，他们该是怎样的无奈与失望啊。

而且，战争中大量无辜的平民被杀害，那些有罪的家伙和许多做了大量坏事的人却活了下来。但是，这些人绝不会自己出来承认曾经在中国大陆杀害了无辜平民，砍了他们的脑袋，强奸了妇女，等等。对这些罪行他们缄口如瓶。这样的人也在享受着国家发给的"军人恩给"①。

我曾受命斩首美军俘虏，只是没有实行，才无虞地告白自己的经历和体验于天下。如果我被派往中国大陆，也许也会做那些罪恶的事情，比如突然袭击在宁静的村庄里生活着的人们，杀害那些无辜的孩子，奸污他们的母亲，殴打或杀害那些趴在地上求生的老

---

① 美军占领结束后，日本政府恢复了战争时期的"军人恩给"制度，对战死、伤者及其遗属，以及军人、军属（部队后勤、医务等人员）给予定期资金补助。

人。所以,当时中国人愤愤地骂我们是日本鬼子,仇恨到现在依然存在。

战死的人们被誉为"英灵"。但是,真正立了堂堂伟业值得被誉为"英灵"的究竟有几人呢?尽施残虐因其恶报而死去的人也被誉为"英灵",这样的"英灵"称谓真的是虚幻无益的。

征兵制会带来什么

学徒出阵时,我们是唱着《同期之樱》《死了靖国见》《樱花枝头再相会》等歌曲互相告别的。曾在海军部队共事的战友们偶尔聚会时相约:"战死的朋友在靖国神社,我们一起去参拜吧。"我的心里并不是毅然决然的"绝不进靖国"这样一种很复杂的心境。

在靖国神社里,战死的军人和军属作为"为天皇献出生命的英灵"被祭祀,从战前的国家神道时代以来,靖国神社一直起着把日本人和战争捆绑在一起的作用。靖国神社把遵从国家命令战死的军人,无条件地作为神而祭祀,甲级战犯也祭,有些不想被祭祀也被拿去祭了起来。比如战死者本人或遗属是基督教徒,或者是朝鲜人、台湾人,也都被靖国神社武断地合祀了,这种行为引起遗属们的抗议。

日语里有"犬死"一词,我用这个词形容死去的军人,其遗属会很不高兴的,但事实上,他们确实是毫无意义地死,绝不是值得尊敬的死法。所以,我只是希望不要再造出什么"英灵"来了。

甲级战犯也祭,大批杀害中国人的日本鬼子也祭,在中国及其他亚洲民众的眼里,靖国神社实在是令人生厌的地方。可是,日本的首相却特意去参拜,激起愤慨的怒火是很正常的。这样毫无反省的举动频繁发生,这样的政治感觉,真是令人难以想象、可叹可悲,难道这就是日本的首相吗!

我们认为,日本的首相以及阁僚不能去参拜祭祀甲级战犯的靖国神社，首相和阁僚参拜靖国神社是个重大问题。而且，鼓励今天的自卫队"勇敢地投身战争，战死了就成为英灵"，鼓噪"英灵再生产"的论调会产生更严重的问题。

发动战争者不是普通老百姓，而是大资本家、好战政治家，以及职业军人最高层的军阀势力。今天的美国大资本家就喜欢战争，战争能使不少阶层发财，从经济角度看也是促进经济活跃的因素。也有像伊拉克战争那样的归根结底是为了石油的战争。

美国张扬着"民主主义"，与自己不喜欢的政权以及对立的国家正面交锋。很早以来就特别以社会主义和共产主义为敌，一旦与日本及德国等国的交战结束，就全力投入对付社会主义国家之中了。正是出于这样的对立，才有了战争。

战争对于弱者来说是灾难降临，人们或被驱赶上前线，或在空袭中死去。而强者却大发其财，存活下来，这就是战争。不管是打出什么样的正义旗号，比如"为了保卫祖国"，"为了和平而战"，这些都是不成立的，战争本身就是罪恶。在罪恶的战争中，令人生厌却不得不顺从的就是征兵制。

有人可能会说既然意识到是没有胜利希望的战争，征兵时逃避就是了。然而，征兵绝不是儿戏，如果逃跑，或被捕，或下狱，或被杀，逃是逃不掉的。

在当时放下书本和文具、拿起武器上前线的学生当中，思想多样，也有人抱有强烈的反战意识。他们抱着这样的念头："我这是去送死。要千方百计地不服从军令，要尽可能地磨洋工，要在可能的情况下去反抗"，就是说以绝对不支持战争的姿态应召。可以说，这样的人是有坚定的信念、坚强的意志和明晰的头脑之人，是值得尊重的人。

像我这样的凡人，深信"反正是个死，不如果断地去死"，或者"上前线防御敌人，是强壮的年轻人的责任，如果临阵脱逃，那可不是一个男子汉"。我是抱着这样的想法不得不投身于战争的。

当时，不想参战之人被视为"非国民"。"你不是日本人，是屈服于敌人的怯懦者，是非国民！国贼！"包括家属都要遭到唾骂。所以，人人都只能投身战争。

谁要是应征了，周围的人都会来送行。在众人齐唱的歌曲中，有一曲唱道："奉大君之召无上荣光，奔赴朝阳"，将应征入伍视为天皇陛下的眷顾，荣幸之至。还有的唱道："前进，强者，日本男儿。"送行者挥舞着"日之丸"旗，出征者内心虽然在流泪，面上却露出微笑，故意装作坚强勇敢的样子，发出"努力献身，决不生还"的誓言。

这就是征兵，究竟应征是为了什么呢？真的是为了祖国吗？是为了天皇吗？

如果今天的国民把过去的一切统统忘却了，那么，日本还有可能会成为发动战争的国家。进行战争的国家，迟早是要实行征兵制的。那样就会全面征兵，谁也躲不掉，孩子们又有可能成为士兵。即使当代年轻人幸运地没有遇上战争，但他们的下一代或亲人中的年轻人呢，也能避免吗？我这一代人的孙辈们会不会遇上战争？依我的推测，孙辈们有可能会遇上。

总而言之，战争必须被制止。

第二章
重新回到学生时代
激荡时代的斗争

重返静冈高中　担当寮委员长

我终于活着从战场归来,又返回静冈高中,重新开始学习的喜悦充满了全身心。不管怎么说,能活着回来就是一切。刚从战场返回的时候,我的思想还不成熟,完全没有批判战争的意识,思想也比较混乱。

此前,我一直受军队式的教育,战后的教育来了个180度的大转弯。当时我还想,日本人转变得真快好浅薄,昨天还是自以为是的指导者,今天突然变了腔,说什么"我早就从心里反对战争"等之类。特别是知识界和精英阶层,无论是大学的教授,还是高中的老师,知识阶层的人们都是突然地翻手为云覆手为雨,让人反感。

直到高中毕业,一些新思想都还没有引起我的关注。进入大学以后,自己才渐渐地有些变化。

因为学生时代学徒出阵,两年后才返回学校,我与比自己年龄小的同学编进一个班里,年龄差4岁左右,和最小的同学差6岁。在同学中间,我不仅年龄大,而且是从海军转业回来的,同学们觉得我有些来路不明,相互之间总有些距离,但是我的存在感很强。

第二章　重新回到学生时代　激荡时代的斗争

旧制静冈高中有一处名为抑秀寮学生宿舍①，1946年2月复学后不久，我就搬进了抑秀寮。学生宿舍实行学生自治，由学生进行自我管理。5月，我搬入抑秀寮的魁寮。因为我年龄大，又是从战场归来，有点威慑力，所以被任命为寮委员长。对我来说，并没有觉得有什么特别，不过是又回到高中时代的学生生活而已。秋天，学校举办被称为"寮祭"的每年定例活动，魁寮排了一出"骷髅舞"，获得好评。我们还在街头进行恶作剧般的嬉戏活动，在广场搞了篝火舞会。1947年5月，因战争而停止的与浦和高中的游泳、棒球对抗赛恢复了。我们去车站迎接浦和高中的选手及助阵团，然后在静冈高中的操场摆下阵势。我作为静冈高中的助阵团团长与对方的团长要互相握手，和着3~4秒一响的鼓声，一步步地前进，握手后再一步步地退回本队中。众目睽睽之下我还真有些紧张，连眼睛都不知该往哪看好。

这些活动完全抛弃了军国主义色彩，但也绝不是左翼思想的产物，似乎又回到以前的旧制高中时代。

静冈军政部看板事件

在我担任寮委员长时期，发生了一件被称作"静冈军政部看板事件"的大事件。1947年，按照惯例入学考试和录取者发榜都于春季举行，可入学却拖到了当年的9月。在迎接新生入校时，寮生搞了一次恶作剧，惊动了学校和警察当局。9月13日深夜，抑秀寮游泳部的3名学生不堪酷热难眠之苦出去散步，将市里一建筑物上的3张看板②拆下来搬回寮里。他们之所以顺手牵羊地把看板搬回宿舍，是因为想实践一下学生中流行的拆了看板或者人家门上的名字牌什么的就可以实现自己愿望的习俗，还是想用这几块看板

---

① 寮，即宿舍。
② 看板，即广告牌、告示牌之类，日本统称"看板"。

做练习拍水动作的躺板，连他们自己也说不清。据铃木昭夫、寺冈义之、冈田新一三位同学后来发表在《静冈同窗会志》的回忆录里记载：

  我们住在抑秀寮不二寮第十室，大概是在9月7日……我们见正门柱上挂着"静冈军政部"的牌匾，当时只是想正好可以做游泳练习的躺板，并没有考虑这样做是否失礼或者不妥当，而且我们已经从静陵女子高中搬了两块，索性再顺手牵羊这一块，这种想法的诱惑力很大，结果带着三块看板回去了……我们脚步轻轻地回到寮里，把看板放到第九室壁橱的一角，然后就去睡了。

  学校迟迟没有让我们复课，冈田和寺冈二人去了东京，我（铃木）回到伊豆……

  在这件事情中深深地刻在我心里、始终不能忘却的是，前辈[①]们事发后的果断处理，特别是土屋公献前辈作为抑秀寮委员长努力与当局斡旋交涉，我们对土屋前辈充满了谢意。在处理这件事情时，我们已经无权参与了，没想到事情竟然向着意想不到的方向发展。警察当局暗中出动，准备搜查静冈高中的学生宿舍和校舍。委员长强调寮的自治，坚决主张靠学生自己来解决问题，顶住了警察的介入。

  在当时的情况下，即使被指责为是出于反美思想的行动也难以进行辩解，也许会被强制劳动几年。委员长没有说明过在斡旋过程中遇到的难题，可以推测在我们这些事件当事人不在现场的许多场合，委员长在处理这件事情时肯定遇到了不少麻烦。（铃木）

在当事人因被停学已经离校之后，美军静冈军政部怀疑这件事

[①] 凡是比自己高年级的同学，在日本习惯称为"前辈"。

第二章 重新回到学生时代 激荡时代的斗争

是反美事件，大张旗鼓地进行了调查，还扬言到校内和学生宿舍搜查。当时，负责管理学生寮的 H 教授也表示同意搜查，该教授在战争时期相当卖力地支持战争，战败后又去迎合占领军。

MP（美军宪兵队）在 8 名警察的协助下准备搜查学生寮，我作为寮委员长站在寮门口抗争，冲着 MP 说道："这里是学生自治寮，既然是自治寮，即使学校当局也不能随便进入！"听了这席话，MP 表示同意我的意见，就放弃了入寮搜查。警察却在寮的周围转来转去，从后门向里面探视，但什么也没有发现就溜走了。

其实，得知要来搜查，我们先在寮内检查了一番，结果在当事人的屋子里发现了看板，我立刻命令将看板当作浴池劈柴烧掉了，这可以说是毁灭证据。学校当局放出话来，违反占领政策者要处 15 年劳役，我们只能背水一战了。在警察仍在学校周围转来转去的紧张气氛下，把看板送入火炉也需苦斗一番。

从我现在所处的律师立场来看，我们对这件事情的处理也许是不该被褒扬的，但当时凡被认为是对美军进行反对或妨碍行为的就要被送上军事法庭，很轻易地就被科以重体力劳动惩罚，所以无论如何我要保护这些寮里的同学。

我在 3 名同学的回忆录后面附记了以下文字：

"犯人"虽已查明，但不能轻易地通知当局，我们一面揣摩着警方的搜查意图，一面去找老师商量，老师们也感到棘手。

警察部长是第一高等学校出身的人，他与检察次官一起，在军政部上校面前反复说明这是日本高中生的传统恶作剧，稻村松雄先生也出了许多力，既当翻译又帮忙疏通。在上边答应不予追究的前提下才公开了 3 位同学的名字。事情解决所耗时间不像寺冈说的那么短，大约花了 1 周到 10 天。

事后来看，也许从一开始就应该交出看板，报上 3 位同学的名字，但是，当局戒备森严的动作一下子把我们镇住了，反而下了决心千方百计地应对下去。

还多亏寮务部长斋藤久雄先生，我们给他添了许多麻烦。

对3名同学的处分是，抑秀寮在操场张贴告示，以"紊乱学生寮生活秩序"的错误，命令3人各自反省7日。学校的处分同样是反省，冈田10天，铃木与寺冈各5天。

为了促进学生寮的全体学生的自我约束，我们接受校方的指示，召开会议，由我主持并讲话，有两三名同学对我本人提了一些意见，我没做任何辩解。

寺冈在回忆录里写道：

以前听高年级的同学讲过去摘看板可以圆自己的愿望，但是我们并没有这种念头，我们的动机确实是为了练习游泳用……其后的星期一，我一早就在土屋委员长的陪同下，去向寮务部长斋藤教授以及大室校长道歉谢罪，接着又去县厅接受县警察部长中川的批评和训斥。

冈田在回忆录中写道：

与新同学铃木、寺冈去街上做了顺手牵羊之事……当时，美军在日本是一种至高的存在，而我们却没有顾及这点，只是看到美军军官宿舍的看板就在眼前就拆了下来。美军不了解日本高中生，自然以为是反美分子所为，指示警察进行严肃追查。当时静冈地方检察院的司波实检察次官认定这是高中生的恶作剧，于是把矛头指向抑秀寮。检察方对自治寮虎视眈眈，而土屋公献委员长及委员诸兄沉着应对，不让对方跨进学生寮一步，出色地维护了学生寮的自治。我等三人只能隐于寝室内动弹不得，对诸兄的保护实在感到羞愧，同时也向他们学到了很多。

冈田新一现在是著名的设计师，最高法院、东京警视厅、东京大学医院等的建筑都是他设计的，至今仍与我交往甚密。

撤销开除教授决议

10月，静冈高中掀起了追究战争时期协助军队的教授的学生运动，学生大会决议开除协助军队的教授。当时，静冈高中内日共的势力很强，由正森成二、斋藤治二等人领头，强烈要求开除教授，其中有学生监H教授以及O教授、I教授3人，学生大会点了他们的名要求将其开除。

这几名教授在此之前已经主动提交了辞呈。我想，既然他们提交了辞呈，问题已经解决了，为什么还要做出开除决议呢？在学生大会辩论时对方很会演说，还把东京大学的学生请来应援，但他们在内容上无视了被叫作"一事不理"的原则。我在演说时指出："这些人已经开始向校门外走了，你们还要在他们的身后踹上两脚，岂不是太失礼了吗！"结果，学生大会再次表决，撤销了开除教授的决议。

进入东京大学

1948年春，我从高中毕业进入东京大学法学部。当时东大的校长是南原繁先生，国际法学者横田喜三郎先生任法学部部长。我入大学时，1943年一起入静冈高中的同学已经从大学毕业。刚进大学时，我可以说是一名"认真"的学生。

一年级时，由宫泽俊义先生讲授宪法学，我认认真真一堂不落地出席了这门课。宫泽讲课时掺杂着些幽默的玩笑，很生动有趣，因为喜欢上他的课，我的宪法成绩一直是优。认真出席、做课堂笔记、按照讲义来回答问题，因此得好成绩也是理所当然的。

当时，明治宪法已被废除，新宪法刚刚制定。我与宫泽教授的关系虽说还没有达到可以去家里拜访的亲近程度，但每次讲课结束宫泽先生离开教室时，我都会追上去请教一些问题。他会比在讲课时更加热心地向我解释《宪法》第九条，比如第一项明确规定了放弃战争，第二项不保持陆海军战斗力，以及不承认交战权的规定等。在教室讲课时，他对第九条只是做些字面上的解释，没有详细阐述其意义。于是我们两人私下交谈时，我问他这个问题，作为第九条的热烈拥护者，他答道："有人批判第九条过于理想主义，但是如果不这样去规定，今后的日本是无法重建的。"

他还说："这在世界上也是值得骄傲的，将来世界上所有国家都应该制定日本这样的宪法。"关于《宪法》第九条的第一项，《联合国宪章》中也有类似条款，但没有日本《宪法》第九条第二项的规定。因此，我也认为日本《宪法》第九条绝对是有意义的。当时有些宪法学者批判《宪法》第九条，对比之下，宫泽先生很了不起。

我出席情况比较好的课，除了宫泽先生的宪法学外，还有古畑种基先生的法医学。古畑参与过重大事件的鉴定，下山事件时他做出的鉴定是死后碾压。他说："详情现在虽然不便全盘托出，但十年后会讲清楚的。"[①] 民法学来栖三郎和我妻荣先生的课我也断断续续地出席了。来栖三郎的讲课很有特色，措辞庄重，经常会说"请允许我冒昧地说"一类的话。最有意思的是他出的民法学考试题目竟然是"恋爱与结婚"，让学生在法学范围内展开论述。当时我是怎么回答的已经记不清了，应该是本着法学观点进行论述的。

经济学课程选了前田长五郎先生的经济原论，民法课除来栖三郎和我妻荣先生外，还有川岛武宜先生的课。刑法学是请东北大学木村龟二先生来讲授的，采取一周左右集中讲课的形式，讲授刑法

---

① 20世纪40年代末，日本连续发生三鹰事件、松川事件、下山事件三大事件，在占领军的授意下，日本当局嫁祸日共，并趁机掀起反共热潮。后来证实，前两起事件不过是普通火车溜车脱轨事故，下山事件是国铁总裁下山定自杀事件，均与日共毫无关系。

总论，之后过了一段时间又用了一周时间讲授专题分论。

其他课程都有教科书，教授们按照教材讲授，干巴巴的，没什么意思。还有些教授讲课只是重复上一年的讲稿，听起来收获不大。总的来说，大一时我还比较老实地出席了，旷课不多。到了二年级投身于学生运动后，就不怎么去听课了。

强行召开学生大会　作为首谋被停止学籍

我入学时参加了被称为"绿会"的法学部学生自治会，担任委员。

当时，国立大学的学费上涨，一年学费为1800日元，涨幅很大，因此学生中有一部分人闹起了反对学费上涨的学潮，甚至举行罢课抗争。当时我还没有参加组织，持旁观的态度。

第二年斗争形式出现高潮，以反对《大学法》为中心，"全学联"（全日本学生自治总联合会）发起了全国性的罢课运动。

当时大学的管理体制还维系旧制，与战后民主主义思潮很不合拍，特别是东京大学医学部非常封建，把护士当作下人使用。护士们以绝食相抗，学生们也起来响应护士的斗争。以此为契机，抵制旧管理体制的学生运动在校内开展起来。

而政府及文部省当局竟然强调在旧体制下强化管理，并于1948年6月出台了《大学理事会法案》。结果，反对该法案的全国性罢课斗争蓬勃发展。当年9月，"全学联"宣布成立，由东京大学的武井昭夫同学担任委员长。

在学生斗争的压力下，当局撤销了《大学理事会法案》，但于1949年又出台了《大学法》。"全学联"立即制定了反对《大学法》、全国总罢课的方针。东京大学的各个学部也准备实行罢课，决定召开各学部的学生大会进行商议。东大法（学）文（学）经（济学）第25教室可以容纳几百名学生，法学部经常在这里召开学生大会。但是，使用教室必须事先提出申请，获得批准后才可使用。如果学生的申请没有被批准，那就哪个教室也不能使用。

如果是在课间休息时间，可以在讲台上自由发表演说，我也曾在教室里对同学们做过讲演，那是没有问题的。可是，如果是召开学生大会，由议长主持全体学生按照程序进行商议，就是正式使用教室了。按照大学的管理规则，若是不提出申请，这样的使用是不允许的。

为了确保召开学生大会的教室，我们把申请书提交给学部长横田先生，但是遭到了拒绝。其实，横田是一位自由主义者，[①]战争时期他是一位倾向美国主义的学者，战后对那些与美国占领军及趋附于占领军的日本政府对抗的行为十分敏感，所以他想方设法压制学生们批判美国、闹罢课的斗争，并由此不同意我们使用教室。

教室问题不解决就召开不了学生大会。我们没有其他路可走，只能是即使学校当局不同意使用教室，也要强行召开学生大会了。

12点开始午休，下午1点上课，利用午休一个小时的时间，学生大会终于召开了。如果12点40分左右时投票表决就好了，可是拖到12点55分，一部分来上课的学生已经陆陆续续进入了教室，当议长宣布"赞成的同学请举手"时，后进来上课的多是比较认真学习的学生，不赞成罢课，所以大都投了反对票。结果，反对罢课者超过赞成者，罢课决议就这样遗憾地没有通过。但据东大的报纸报道，从5月19日到24日，法学部、文学部、理学部如期举行了罢课，农学部于5月24日罢课一天。

对于此次学生大会和罢课行动，学校当局于5月30日、31日两天召开的评议会[②]上决定了对部分学生的处分，并于6月1日公布了处分决定。法学部的5名首谋得到了停学处分，其中今村干雄是无期停学，土屋公献、原后山治、西崎哲郎、梅原昭4人是停学

[①] 横田喜三郎曾任东京大学法学部学部长、教授和日本最高法院院长，著有《战争犯罪论》等，从法学的角度肯定东京审判的积极意义，支持东京审判对战犯的判决。因此他也遭到右翼势力的攻击。

[②] 评议会是日本国立大学最高决策组织，由学校领导及教授组成。

第二章　重新回到学生时代　激荡时代的斗争

一年的处分。今村是学生大会的议长，任期半年。本来另还有一位经正式选举的议长日共党员正森成二，因患肺结核回老家疗养，今村是被临时推选出来的议长，结果受到最重的无期停学的处分。东大全校有 20 人被处分，不仅校内的报纸，连全国各大报纸都竞相报道了。

我受到停学一年的处分，学生该做的事是做不成了，连大学的门都不准进。不得已我回到家里，在家里用学习日本画和读书打发了一年的时光。

另据东大报的记载，期末考试前，处分下达未及一年时，东大评议会于 1950 年 2 月 1 日对文学部 7 名、理学部 1 名受处分者，以"明显悔过"为由停止了处分。鉴于此，法学部学生自治会也向横田学部长提出了撤销处分的申请，但横田表示："法学部的受处分者比其他学部的错误严重，而且受处分以来，没有人主动与教授会面，没有反省的态度和表现，所以本学期不能解除处分。"（《东京大学学生新闻》第 37 号，1950 年 2 月 6 日）

5 个人中，也有向横田喜三郎学部长低头之人，之后得以到大公司就职。我没有低头，足足等了一年之后，大摇大摆地复学了，而且不接受教训，又去参加学生大会议长的竞选。从大学当局的立场看来，我的停学处分效果不佳，全然未生反省之意。被停了学我反而更加不驯服了，或者说打定了自己的主意。选举结果是我当选为学生大会议长。我也认为这次处分实在是没有什么效果的。

学生中有许多头脑聪明之人，为我们出谋划策，学生大会议长不过是多跑些路，多做一些事，并没有什么了不起，但是在学生中还是有些影响力的。议长的任期是半年，半年后我又再次当选，总共做了一年议长。其间，通过了若干决议。

在任议长期间，有一个人我不能忘记，他就是丸山真男先生。他当时是东大的副教授，在学生中很有人气，但有一件事我对他很有意见。不是受处分的那次学生大会，而是当议长期间的一次学生大会之前，那时正准备做出罢课决议，一些反对罢课的同学把丸山叫来了。丸山说："你们讲的都正确，我承认你们是正确的，可是，有些教授的意见与你们完全相反。如果你们通过了决议，教授们会激烈地反对，这样的话，我们的大学就会分成两派，一个大学两种观念岂不是令人困惑，所以，请你们绝不要做出这样的决议！"丸山在学生中是偶像般的存在，因此有些学生就连连称对，不管三七二十一地站到丸山一边去，反对罢课。丸山真男先生在思想上是很出色的，但在这种场合下，他利用自己的影响左右了许多大学生。

这样我们的主张被搁置一边，提案没有通过，真是很沮丧。本来，如果学生们的想法是正确的，丸山先生应该去说服反对学生正确想法的教授们，但他却反过来压制了正确的意见！所以，我对丸山那次的表现非常不满。当然，我绝不认为丸山这个人不好，只是那时的懊悔心情至今犹存。

在律师会以及劳动工会中，也经常能看到丸山所采取的"中和"式立场，其实，这不是什么"中和"，而仅仅是单方面的让步。

全力从事学生运动

当时的学生运动是非常认真的运动，但也有些同学对从事运动的学生表现出反感，保守派的学生人数不少，他们在学生大会上也展开了反对论战，这些人后来大多当了官僚或进了大公司。东大有个叫"新人会"的组织，战争时期此会属于左翼组织，但战后保守派学生居多，其中的核心人物经常发表言辞激烈的反对论调。即便如此，因之受处分的那次学生大会，如果不是时间没有掌握好，提案还是有可能以多数同意而被通过的，至今我还深怀遗憾。

那时使用的鼓动性的语言中，最初并没有"美帝国主义"这样的词。"美帝国主义"这一认识的产生，起源于朝鲜战争的前一年1949年。美国和苏联都着手进行战争准备，日本成了美国的前线基地,任何时候都有可能从这里出击去进行战争。观察到美国的这一战略企图后,我们逐渐开始频繁使用"美帝国主义"这一用词了。

当时社会上出现许多激昂有力的反战歌曲,同学们大声唱着,有位女同学名叫中尾,手风琴拉得很棒,由她拉手风琴伴奏,大家合唱。反战歌曲中这样唱道:"阻止资本家再次点燃战争之火,站起来亿万无敌的和平战士",还唱《国际歌》《国际学联歌》,也唱一些与学生运动没有关系的普通歌曲,如俄罗斯民歌《喀秋莎》《工作之歌》等,歌声不断在大学校园里响起。当时,社会上对苏联的恶言恶语尚不是那么激烈,所以苏联歌曲《巴依卡尔湖畔》也很流行。学生生活很是丰富多彩,我因为投身于学生运动之中终日忙碌,社团活动几乎没有参加过,连上课也常不出席。

我对马克思主义并不十分了解,知之范围没有超过小册子类的普及性知识,不是那种认认真真读《资本论》的理论派,只是一个行动派。或者说,我只是个有热情、正义感较强之人,并不是真正的马克思主义的领导者。

有一次,我们去东京女子大学(简称"东女")进行宣传活动,我对宣传工作并不擅长,所以有被东女活动家们敷衍慢待了的感觉。我带去了许多印刷品,包括小册子及几百张传单,希望对方购买,或者起码支付些成本费。可是这些女活动家们并没有理会,一直也没有人拿钱来。大约过了两周,东女的主要活动家们来到东大,见到从我手里接了传单的学生,又问起此前印刷品成本费,她们只是笑,结果也就不了了之了。

我可能是缺乏宣传和组织能力,而在学生大会或者各种会议的筹划、运作方面也许还可以。但我绝不是领导者,只不过是一名小卒而已。在东大的日共组织里,中央指导部的数名委员领导着整个组织。我们为之做各种各样的工作。我因为擅长绘画,就负责宣传画的绘制,有时去散发传单,或者在教室发表5分钟左右的简短讲演,总之,都是实际工作。

当时学生运动的领导人，是全学联委员长武井昭夫，这个人我不太喜欢，所以几乎没有什么合作。但我与安东仁兵卫同学交好，安东毕业于水户高中，1948年与我同期进入东大。安东是位理论家，人缘好，很有号召力。

学生运动中学生与警察的对立相当激烈，到处发生冲突事件。在东大的正门，学生们曾与警察隔着铁门紧张地对峙，学生们使劲压着铁门不让警察打开进来，警察则用力往里挤想打开大门冲进东大。在两方对峙的攻防战中，学生们把警察称作狗，喊"狗！狗！"我听到这样的称谓并不赞同。

有时还举行游行。直到今天，我都不太喜欢游行这种形式，但不得已时也得加入进去，站在队伍前列的中间，喊着长长的口号。游行时口号短些比较好，比如"做出正确判决！"领头者喊得再长，众人附和时只需重复最后的词语就应该可以，如齐声喊"做出！"则很有力量。① 叽里咕噜喊很长并不好。

下山·三鹰·松川事件

在我上大二受到处分那年，即1949年，连续发生了下山事件、三鹰事件和松川事件等重大事件，我认为这些事件都是美国占领军干的。尤其是松川事件，据目击者称，有几名高个子男人曾出现在事故现场，这些高个子男人应该就是美国占领军的士兵。

政府和警察宣称松川事件是日共所为。我当时就感到，一定是反动势力搞的鬼。在纳粹时代，曾发生过国会纵火案，实际上是希特勒幕后策划的，松川事件同国会纵火案是一样的。

至今我还清楚地记得我曾画过一幅关于松山事件的画，画上希特勒点着火把，象征着国会议事厅被放火的情景。我把画贴在标语牌上，到上野的百货店松阪屋附近，进行了揭露松山事件真相的街

---

① 日语里动词是在句子的最后。

头演说。

所谓"三鹰事件"发生于1949年7月15日，在国铁中央线的三鹰站内，发生了无人驾驶列车的溜车事故。事件发生后，吉田茂首相立即发表声明称："因人员定额法而被除名的不法分子带来的社会不安，主要是共产主义者的煽动。"随后，警察当局逮捕了国铁工会成员中的近20名共产党员，其中9名共产党员和1名非共产党员被起诉。

1950年12月，东京地方法院宣布对三鹰事件的判决，我去旁听了公审。审判长是铃木忠五，很是严厉，旁听席上若有谁说点什么他马上就会暴怒，律师的辩护也常被限制，这场诉讼被控制得很紧。但是，想不到的是，结果是判处非党员的竹内景介无期徒刑，9名共产党员无罪。吉田内阁所宣传的、警察当局所捏造的"共产党有组织犯罪"的空中楼阁，被这一判决彻底击垮了。后来，铃木审判长做了律师，同正木广律师一起担当了丸正事件①的辩护。

我于1949年加入日本共产党，毕业前夕离党。当时正是日共内部呈现混乱的时期。1950年，由于共产国际情报局批判日共，日共内部分化，出现主流派与反主流派。②

东大的日共党员大部分是反主流派，几乎没有什么人留在主流派。有一例外是曾任学生大会议长的正森成二，在大阪老家养病6年多，所以他既不是反主流派，也不是主流派，活动也不参加，只保留日共党员的身份。正森后来当选为国会议员，活跃在政治舞台上。

---

① 丸正事件：1955年5月12日，静冈县三岛市田町丸正运输店店主被杀，警方锁定汽车司机李得贤及其助手铃木一男，经一审、二审判定二人犯杀人罪，分别判处无期徒刑和有期徒刑15年，但二人始终不服。1960年，辩护律师正木、铃木二人为"犯人"争辩上诉，反被诬为"名誉损害"。1961年，日本律师联合会人权维护委员会提出案件再审的要求。
② 1950年1月，日共领导人野坂参三的"和平革命论"受到共产国际情报局批判，日共分化成以德田球一、野坂参三为代表的主流派（又称所感派）和以志贺义雄、宫本显治为代表的反主流派（又称国际派）。

结果是东大的反主流派日共党员，被主流派占据的日共本部集体除名了。老实说，我被除名后深感轻松，长出了一口气。

东大的日共党员虽被集体除名，但仍然保留着反主流派组织。可是，这时有一名曾经非常活跃的人物被认为是间谍，遭到软禁，被数名委员审讯，追问其是不是间谍。并且为此召开了报告会，以致大家都互相戒备、猜疑起来，气氛变得非常不好。我对这种封闭、令人窒息的组织有些讨厌起来。而且，经常不是堂堂正正地活动，而是躲在大学的地下室里秘密集会，成了名副其实的"地下组织"，有些难以接近，我也真的不想再待在里面了。所以，当我被除名不再是日共党员时，有一种解放感，也就与这个组织彻底地脱离开来了。不过，当时曾经在一起奋斗的伙伴们，现在都已是超过80岁的老人，每年的1月9日都要聚会在一起召开"一·九会"，大家共同怀念过去。该会由原后山治主持，堤清二（辻井乔）亦是核心人物。

朝鲜战争与《旧金山和约》

当时，朝鲜半岛的局势十分紧张，1950年6月25日，朝鲜战争爆发。日本认为是北朝鲜军队首先越过三八线，是北方挑起了朝鲜战争。但是，实际上朝鲜战争到底是怎样爆发的，各方都是如何动作的，至今仍存许多疑问。

我清楚地记得，朝鲜战争爆发前夕杜勒斯访问了韩国。随后，又同约翰逊和布拉德雷访问日本，3人与麦克阿瑟在一起不知谋划了什么，我感到有可能是他们挑起了战争。

战争爆发不久，北朝鲜军一时攻占了釜山，美国军队以联合国军的名义加入了战争，把北朝鲜军推了回去。麦克阿瑟扬言要使用原子弹，后来虽然没有使用原子弹，但有说法是美国人使用了细菌武器。美国人的行动事实上对中国造成威胁，因此中国派出了志愿军参战。经过一年多的激烈交战，1951年7月10日，作战双方开始在板门店交涉停火事宜,但直到 1953 年 7 月,朝鲜战争才告休战。此后的几十年间,一直保持着休战状态,没有缔结正式的和约。我认为,不应该休战,而应该终结战争,而且,应该朝着朝鲜半岛的南北统一迈进。

在杜勒斯、约翰逊等人访日的时候,我画了一幅漫画,用青色和白色把他们的面孔勾勒得像鬼一样,贴在大学校舍的拱廊内。之后,本富士警察署的警察找上门来,询问是谁画的漫画,但是谁都没有告诉警察,我也保持沉默。

1948 年末,东京审判的结果宣布。1950 年对日和谈进入具体化阶段,围绕着是全面和谈还是单独和谈争议很大。就在这时,日本掀起"清共"风潮,全学联展开了反"清共"的斗争。

1951 年 5 月,东北大学的学生掀起反对伊尔茨①的斗争,我认为东北大学的同学干得好。伊尔茨计划在全国的大学展开反共产主义的讲演,东北大学也准备邀请伊尔茨来校讲演,被学生们的斗争阻止了。以此为契机,全国各大学都展开了反对伊尔茨的斗争。

就在东北大学群起反对伊尔茨斗争的第二天,5 月 3 日,吉田茂首相公开发表讲话,指责主张全面和谈的东大校长南原繁是"曲学阿世之徒",南原繁怒不可遏。

当年 9 月,美国在旧金山召开对日和谈会议,签订了《旧金山和约》。所谓《旧金山和约》,其实是以美国和英国为中心的片面的、单独的和谈。苏联虽然参加了旧金山会议,但是被排除于和约草案制定之外。中国没有被邀请参加。从这一意义上说,2007 年 4 月 27 日最高法院在判决强制中国劳工、西松建设会社及中国"慰安妇"的受害赔偿案件时,竟然声称《旧金山和约》是战后处理这些问题的框架,他们简直是不了解那个时代的情况。今天最高

---

① 伊尔茨(W. C. Eells)是占领当局民间情报教育局美国顾问,1949 年 7 月 19 日,他到新潟大学讲演,煽动从大学里驱除共产党员教师,由于各大学的强烈反对,当局的计划才没有得逞。

法院的法官，在当时不过是十多岁的孩子，他们什么也不懂！

单独和谈条约虽然也成为问题，但是当时更为受到瞩目的是《日美安保条约》。这个条约不仅让美国占领军部署在日本全国，而且允许日本成立警察预备队和保安队，使日本重新拥有军备。《旧金山和约》签字时，美国是将和约与安保条约捆绑在一起提出的，无论是和约，还是安保条约，都是很不像话的。

1952年2月20日，东大发生了波波罗事件。① 事件发生时，我正面临毕业前7个科目的考试，忙得一点时间都没有。因该事件被捕的学生有大个子福井骏平，另一名是千田谦藏，千田是秋田县横手人，后来还做了横手市市长。2008年，千田出版了《波波罗事件全史》（日本评论社），详细记载了事件经过以及自己的经历，书中还收录了审判记录。千田委托我为此书写后记，我认真拜读了他的书，虽然我没有参与波波罗事件，但感慨万千，在后记里写了自己的感想。

东京审判　天皇逃脱战犯责任

1946年5月3日，东京审判正式开庭。由战胜国美国、英国、苏联、中国、法国、荷兰、澳大利亚、新西兰、加拿大、印度、菲律宾等国派出法官和检察官进行了战犯审判，麦克阿瑟颁布了《远东国际军事法庭条例》，裁定战犯主要依据"反和平罪"、"通常战争犯罪"及"反人道罪"三大罪状。

在审判德国战犯的纽伦堡法庭，由美、英、苏、法四国的法官互相推选出审判长，而且各国是分别审判的；而东京审判是由麦克阿瑟任命审判长和主席检察官，审判完全处于麦克阿瑟的控

---

① 这一天，东大波波罗剧团在校内演出，有3名便衣警察潜入会场活动，被学生们揪出，并搜出和没收了警察的手册等物，事后日本警方逮捕了几名学生，史称"波波罗事件"。

制之下。

　　不管怎么说，这是对战争责任者的审判。不过，应该对战争负责的最高责任者昭和天皇却没有被当作战犯。由于大多数日本人受到的是天皇制的教育，教育的基本内容是把天皇当作神，所以，当时人们仍把天皇作为宗教性的、神性的存在而崇拜。

　　如果把天皇视作战犯，日本人或许会反抗美国占领军，甚至展开游击战。因此，为了实施美国的占领政策，就需要保留天皇制，这样日本人就会听话了。

　　当时日本的政治领导者所采取的态度是，战争是打败了，只要能够保留天皇制，一切条件都可以接受。在广岛、长崎未遭受原子弹攻击之前，如果日本接受《波茨坦公告》，有可能避免那样大的牺牲，但只因死抱着天皇制的条件不放，没有松口"投降"，结果广岛和长崎被轰炸，日本付出了巨大的牺牲，直到不能再拖延了，才好不容易举手投降了。而且，举手投降、结束战争也是通过天皇讲话进行的。这些说明了天皇的影响力，至少天皇的影响力是被军队利用了。天皇在日本的确是一个巨大的存在。

　　在德国，希特勒是最大的战犯，是最恶的罪人的象征。回顾纳粹的历史时，德国国民把希特勒作为批判对象，彻底否定了希特勒。

　　日本与德国正相反，当时日本的领导层热衷于保护天皇，在这点上与美国的占领政策取得了一致，所以天皇以象征制的名义被保护下来了。

　　东京审判没有将天皇作为战犯审判，引发了后来的一系列问题。比如，日本对中国、朝鲜、菲律宾、印度尼西亚等国所犯下的种种罪行应该反省和谢罪，可是却没有去做，以至于到今天仍然有许多纠葛。日本与这些国家之间，即使领导人相互握手，开展了经济协作，外交关系似乎也说得过去，但是，生活在这些国家的大多数人却没有忘记过去的战争受害。

　　像在日本人中有些人讨厌朝鲜人一样，朝鲜人中也有些人讨厌日本人。在中国憎恨日本的大有人在。因为日本没有谢罪。日本应该谢罪、赔偿，承认历史事实，并告诉子子孙孙，立下誓言绝不再度发动战争。必须进行这样的彻底清算和赔偿。然而，直至今日日本领导层的现状依然是：轻视亚洲、毫无反省。

"麦克阿瑟三原则"与新宪法

战后，日本制定了新宪法。新宪法中，明确规定放弃战争以及不保持战争力量，这在世界上是首次。从新宪法制定的过程看，有一部分内容来自占领军的"强加"是事实。但是，有必要仔细分析"强加"的内容及意义，尤其是《宪法》第九条第二项，并非是美国"强加"，而是日本方面主动提出来的。

同盟国占领日本的目的是在日本实现和平和建立民主体制。最初，以国务大臣松本丞治为中心制定的《松本委员会草案》中，将旧宪法中的"天皇神圣不可侵犯"改为"天皇至高不可侵犯"，仍然是照搬明治宪法的内容，更没有考虑制定"放弃战争"等条款。麦克阿瑟见状非常焦急，感到再等下去不是办法。

在日本民间，有人准备了宪法草案，主张"取消天皇制，交换条件是保持军备"。民间人士提出的宪法草案，其根本点是民主主义和国民主权性质的，取消天皇制，允许军备，从某种意义上说，这可以称为当时最进步的民间宪法草案。此外还有大量的宪法草案出台。所以，大多数的日本人并没有感到宪法是"强加"的，而是自主制定的。

的确，日本政府准备的《松本委员会草案》没有被接受。麦克阿瑟认为，《松本委员会草案》不能带来日本的民主化，不能代表日本民众的心声，所以命令占领军民政局制定宪法草案，并提出日本宪法不可或缺的三项原则，即所谓"麦克阿瑟三原则"。

麦克阿瑟不想把天皇作为战犯，是为了能够借助天皇的协助顺利推行占领政策。1945年11月，麦克阿瑟接到美国联合参谋总部

第二章 重新回到学生时代 激荡时代的斗争

关于调查天皇战争责任的命令，1946年1月25日，麦克阿瑟回电报称没有天皇犯罪的证据。其实，他的真意并不是没有掌握天皇的战争犯罪证据，而是考虑到，如果把天皇作为战犯，也许会引发日本的大混乱，要控制这种混乱，就需要增加大量占领军及工作人员，占领期也将大大延长，所以，应该极力避免审判天皇。

远东委员会对日本的天皇制进行了尖锐的批判。但麦克阿瑟主张实行象征天皇制，不让天皇退位，也不废除天皇制。同时强调，必须明确地规定绝对放弃战争，包括维护本国安全的战争，即放弃一切战争，这就是麦克阿瑟三原则，也是《宪法》第九条的第一项。

为了履行《宪法》第九条第一项，如前所述，规定了"不保持军队"的第二项，这是吸收了币原喜重郎首相的意见。因此，第二项并非是麦克阿瑟"强加"的，而是币原首相提议加进去的。1951年5月，麦克阿瑟在美国国会上院陈述了这一点。

另外，关于身份制度，规定华族、贵族等身份持有者仅保留本人一代，贵族中只保留皇室，废除华族这一阶层，贵族院也改为参议院。就这样，日本人通过自己的手对宪法进行了相当多的修订。

对于新宪法，只有日本共产党反对，因为日共主张废除天皇制和保持军备。从这一意义上说，只是少数人反对新宪法，大多数国民是热烈拥护的，当时的政府也表达了非常欢迎的态度。

日共质问道："不能进行自卫战争岂不是太滑稽了！"以吉田茂为首的政府官员们答道："无论在什么情况下都持不抵抗的立场，难道有什么不好吗？"应该说，当时政府的回答是发自内心的。"连自卫战争都放弃的彻底无抵抗主义"，这在世界史上也是值得夸耀的伟大的宪法。

宫泽俊义先生说："致力于实践彻底的国际性的无抵抗主义……这在世界上也没有先例。"清宫四郎说："绝对地放弃战争，具有世界史的意义。"吉田茂首相称："近年来的战争多是以自卫的名义而战"，"永远放弃战争"。这些论述都是出自正确的历史认识，是对历史的深刻反省。

使用了"永远"这个词就意味着绝不是"过了50年、60年就可以战争"了，"永远"就是永远，出台这样的宪法实在是令人喜悦的。

1950年7月，朝鲜战争开始之时，日本用"为了维持治安，但不是军队"这种打马虎眼的手段，组建了警察预备队。1951年，依据《日美安保条约》，吉田茂内阁认可日本保留美军基地以及驻扎美国军队，宣称"美国驻留军并非是我国的军队，所以不违背《宪法》第九条"。到了1952年，内阁法制局又提出"统一见解"，解释道："所谓战争力量系指能够在近代战争中发挥作用的装备及组织，日本保安队及警备队不具备战争力量。"

日本政府很是理直气壮地解释宪法，明确表示"连自卫的战争都放弃"。但是，随着时间的推移又解释道："自卫权是为了自卫需要保持必要的最小限度的实力。"近年来又开始变调，扬言道，为了防止导弹的袭击，应该摧毁对方的导弹基地，为自卫而战。岸信介内阁时期，对"战争力量"的解释是："作为政策是不发展核武器的，但不能认为提及核武器就是违宪，那不是正确的解释。"这样一来就出现了大问题，实际等于否认了无核三原则，以至于今天竟有些内阁成员声称，即使拥有核武器也不违宪。

吉田茂首相主张"只有坚持《宪法》第九条才是生存之路"

日本战败了，由于反省战争的错误才制定了《宪法》第九条，这样的宪法在世界上前所未有。我上大学时听横田喜三郎和宫泽俊义的课，他们都充满激情地称赞宪法，认为"这个宪法实在是非常理想的，在世界史上也是值得夸耀和划时代的"。当时我很感动，与之产生共鸣。我就是站在这个立场上拥护宪法，发自内心地希望实现这个值得夸耀的理想，并且，这种立场和愿望成为我的人生观之基本点。

吉田茂首相在回答东大校长南原繁的提问时说："即使日本遭到攻击，也不组织军队，不持有武器，不进行自卫，世界在看着我们。日本走的路是正确的，世界一定能够看到。日本绝不会被消灭，也不会沦为哪个国家的殖民地。只有绝对丢掉武器，才是日本的生存之路！"那种坚决地站在《宪法》第九条立场上的坚定性，令人十分感动。"即使遭到攻击也不组织军队"，这样的主张是很有力量的。

可是到了今天，各种修改《宪法》第九条的奇谈怪论都涌现出来，"如果受到攻击怎么办，这也是没办法的事"，"遭到攻击前就应先发制人攻击对方"，"只有协助美国的战争日本才能安全"，等等，实在是危险至极。

我经历过战争，在战后残破贫弱的经济条件下，有过饥肠辘辘的体验。当年学生们首先要考虑的是生活问题，因此不得不出去打工。那时，我对教授们讲授的《宪法》第九条的意义怀有强烈的共识，发誓绝不能让战争重演，无论以什么冠冕堂皇的名义。

现在有人批评"没有大义的战争"，无论有没有什么大义，战争都是不应该的。想要给战争贴上大义的标签，想贴多少就可以贴多少。美国就是以"民主主义"的"大义"到伊拉克杀人。无论是有大义的战争，还是无大义的战争，战争都是罪恶的，不彻底地放弃战争，就要走向迷途。正因为我们亲身体验过战争，稍有战争的风吹草动，就敏感地察觉并行动起来，这应该是最重要的。

第三章
人生转机　结婚与通过司法考试

终于毕业　当上高中教师

被日共总部除名后,我与反主流派组织也脱离了联系,参加运动的心情逐渐地淡薄下来了。我开始在一家小公司打工,逐渐临近毕业,一边打工一边准备毕业考试。1952年2~3月,我参加了毕业考试。

毕业需要取得20个学分,此前我已经取得了13个,剩下的7个我一鼓作气都得到了,成绩都不太好仅是良,可以说是勉勉强强地及格毕业了。大学如果不给及格,留下我这样的学生只能是添些麻烦。

毕业是毕业了,就业却没有着落。如果去向学部长低头道个歉并且好言拜托推荐,或许能够找到工作,可是,我也意气用事,不愿低三下四。

本来我就没做找工作的准备,暂且就在打工的小公司里工作了。但我这个人不擅长事务性工作,特别是不擅长商业交涉,所以也很难干下去。因为我在大学里取得了初高中教师的资格证书,于是就想到去学校当老师,向东京都女子学校和千叶商业高中提交了应聘申请书。并且,我向南原繁先生表示,自己愿意做一名学校老师，请他推荐，南原先生很痛快地答应了做我的身份保证人和推荐人。南原先生真心地担心他所处分的学生的去向和就业。

我受处分时，当时的报纸大登特登，我的名字广为人知，所以即使有南原先生的推荐，我想东京都教育委员会也不太可能会录用我。千叶商业高中的校长约了我去面试。一见面就问："你是左翼学生吗？"我想，这个时候不能撒谎，便回答道："多少有些人说我是左翼。"这位校长是个对人的思想倾向问题很挑剔的右翼，我不想在这样的校长手下工作，于是在面试后被他们拒绝之前，我自己就主动向该校提交了辞呈。过了几天，如自己所料，东京都教育委员会也发来了不予录用的通知书。

我想，山梨县有可能不知道我受过停学处分的情况，于是联系在山梨县厅工作的朋友，那位朋友鼓励我去试试看，我鼓起勇气去山梨县接受了面试。山梨县对于来自东京大学的毕业生做高中老师求之不得，我很顺利地成为该县甲府市立商业高中的教师，工作了一年半左右。

我家住在东京的练马区，到甲府后住在学校，很少回家，老母亲很是寂寞担心，希望我能回到东京工作，但东京又不录用我。无奈之下想来想去，考虑山梨县东部靠近东京的大月市有一所都留高中，如果去那里可以往返东京与大月之间通勤。但是，如果担任普通班的课程，不仅工作时间长，还要课余担任学生社团的辅导员。于是我申请做定时制（夜校）教师，即从下午6点到晚上9点授课，还不用担任学生社团工作，晚上9点就能搭上回家的电车。从东京我家到大月市单程需要两个半小时，往返5个小时，就这样，我又在都留高中工作了一年。

这个时期，我遇到了挫折，是件很让人伤心的事情。我有一位从心里爱着的恋人，可是她的母亲认为我没有什么前途，不让女儿接近我，恋人也顾忌与未来婆婆的相处，开始逐渐疏远我，最终我们两人分手了。我的心情很郁闷、痛苦，但无处可以诉说。

我的情绪很低落，但是教师的工作催人奋进。定时制的学生是一些白天要工作晚上才能来上课的热爱学习的孩子们。有些学生因为白天劳累，课堂上会打瞌睡，我并不去叫醒，就让他们睡一会。尽管上课睡觉了，但是学校对他们来说还是有意义的。在学校里，他们可以缓解白天的疲劳，得到休息，还可以和同龄人交谈。没听到课不要紧，与同学们在一起本身是重要的。所以我一点都没有觉得他们上课睡觉是个问题。

定时制高中的学生中有非常用功者，有头脑异常聪明者，给他们讲课，对他们的未来抱有期望，成为我自己生活的目标，我当时考虑一生从事定时制教师这种有意义的工作。

一见钟情的婚姻与两度浪人

教师的薪水虽然不高，结婚成家却不是不可能的了。老母亲很是惦记我的婚事，托人找来找去，可我很不习惯通过介绍找对象。我每天近深夜才回到东京，常到池袋的小酒馆喝上一杯，逐渐熟悉起来后，就想到把一位脾气相投的女服务员娶回家。可是这位服务员不喜欢未来和婆婆一起生活，也就没有继续谈下去。

新年前夕，第七高中出身、与我同时在东大受到处分的原后山治律师邀请我到他家里共度新年，说还邀请了其他一些熟识的朋友，我如邀去了他家。在二楼宽敞的客厅里，近20名男女青年交错围坐在一起，一看到这个样子我就明白了这是一场聚会，为壮门面有些已婚者也混坐其中了。

我们一边吃着火锅喝着啤酒，一边轮流做自我介绍，喝倒彩的、娇声嫩气的，好不快乐。单身男性大多是男主人的朋友，单身女性大多二十三四岁，是由女主人特邀而来。我的右侧是一名漂亮的女性，对我与她的交谈只是做出简短回应，很难进行深入交流。左侧的女性则过于活泼和健谈。

轮到我做自我介绍时，我不带任何幽默地一口气报出了自己是静冈旧制高中出身，在大学受过停学处分，以及毕业后的经历、现

第三章 人生转机 结婚与通过司法考试

在的工作和家庭情况等，有两三名友人和男主人做了补充，把我美化了一番。坐在靠墙角、正好在我对面的是一位穿和服的女孩子，那天只有她一个人穿了和服，她站起来做自我介绍时，姿态娴雅，声音柔和。她很坦率地讲了自己十几岁时曾因肺结核住院治疗，给我留下了很深的印象。等到后面的人介绍时，我几乎什么都没有听进去。只是不时地向着她的方向望去，她用左手挽着右手的袖子，右手的筷子捞出些菜肴夹到临座男孩子的碗中，透出贤淑、优美之态，我不由地竟嫉妒起她旁边的男性来了。

这时，在男主人的倡议下，大家玩起哑剧游戏。我抽到卡尔梅①这个人物，好歹破解了。有一位女性选到"思考者"，费了好大周折才获得成功。穿和服的女孩碰上的是"久米仙人见到的女性"。她轻轻提起衣角，稍稍露出双足，做出在河边洗衣服的动作，那端庄的神态赢得了一片掌声，更使我心驰神往。

夜深时分宴会结束，因为同路我送穿和服的女孩子和其他几名女性到池袋，离别时，女孩子显得有些疲惫，连谈话似乎都有些吃力，我只好问候了一句"没关系吧？"就告别了。

第二天一早，原后来电话，问我昨夜的女孩子中是否有中意的。我立即告诉他"对那位穿浅桃色和服的女孩子一见钟情"。我没有提及我们双方都有患病经历之事。原后说："我觉得就像是这么回事。好的，交给我办吧！"一个小时后，原后又来电话，说女孩子也有此意，只是因为对自己的健康问题有些担心，不便马上给予答复。不管成与否，我都非常感谢原后夫妇的厚意，向他们表示了深深的感谢。

原后受到停学处分后，想到将来就职会有困难，那么只有一条路可走，就是参加司法考试，他就马上开始准备了。考试合格后，他当上了律师。他劝我说："你是一个气盛之人，能满足现在的生

---

① 法国作家 Prosper Mer lmeearmen 小说里的女主人公，小说描写了一位吉卜赛女郎（卡尔梅）与龙骑兵伍长的恋爱悲剧故事，后被搬上舞台。

活吗？下功夫学习，参加司法考试如何？"他了解我因为各种原因已经耽误了6年时间，再错过眼下的时机今后更难，所以劝我辞去教师工作准备司法考试。

我听从了原后的好意劝告，当年春天就辞去了教师工作，专心学习，做司法考试的准备。我一心想通过司法考试，也做好了当浪人的准备，可浪人的生活绝非那么简单的。首先是生活费，我决定向父亲借钱。我的家庭情况是父亲和母亲分居，我站在母亲这边，同母亲一起生活，与父亲是对立的，但这个时候只得丢下面子去求父亲的援助。

当时，我已经年过30，记忆力有些减退，司法考试的学习比想象的还要难许多。第一次考试的结果，当然是没能通过。

在妻子支持下通过考试

在这期间，我开始与和服女孩永井有了交往。她8岁时母亲故去，由继母养大成人，下面的弟弟妹妹很多，她是长女，所以非常心细，同时也很有志气，我很喜欢她的人品，能够感受到其中的魅力。要是喜欢的话看什么都是好的。

我详细地向她讲了父母的过去和现在的情况，母亲属于贤妻良母型的一代人，她希望能和未来的儿媳一起生活，一般的日本女孩子都会对婆婆敬而远之，不喜欢与婆婆一起生活，永井却是例外，没有一点嫌弃的意思。她最担心的是自己的身体能否适应结婚后的生儿育女，并希望我一定与她的主治医生交谈一次。

有一天，我去了她看病的医院，与须田朱八郎医生晤面。须田先生是一位相貌堂堂、诚实稳健的中年男子，一见面就给人可信感。自我介绍后我向他表明了自己想与永井结婚的想法，也说到自己读书的学校。没料想须田先生竟是静冈高中的大前辈，我们二人真是惊喜万分。须田先生是静高第七届理乙班的学生，1931～1932年，日本进行思想镇压期间，他正面临毕业，却被学校开除了。静

第三章　人生转机　结婚与通过司法考试

高的校史里有关于他的记载，当时的前辈们都记得这位了不起的人物。

须田先生直率地把永井几年来的病历和现在的健康状况告诉了我，他说，只要有配偶的爱情和理解，结婚后生儿育女都是可能的。我对当时的感激之情终生难忘。须田先生1969年故去，病因是因为经常利用放射线机诊断患者，患上了白血病。

之后，我的第二次司法考试也失败了。我想了很久，如果想继续考下去，只能继续当浪人，什么时候能够通过考试还是未知数。而现在就停止，又很可惜。我决定最后再考一次，如果通过不了就去找工作。我多少有些绘画的才能，可以去装修店工作。就在这时，有位朋友推荐我去做赴阿根廷的移民指导员。

当我把自己的想法讲给永井后，她竟然表示要与我同行，于是，我们决定立即结婚。我去求得父亲最后一次的经济援助，并征得永井父母的同意，1956年11月，我们结婚了，在我还是个浪人的情况下。南原繁先生也赶来出席了结婚仪式，他致辞时激励我继续奋进。

与别人相比，我已经耽误了不少时间，没有多少机会了。成家之后，就更要在立业上下功夫了。之后，经过半年的拼命学习，我终于以优异的成绩通过了司法考试。直到今天，我仍然深信，正因为妻子勇敢地嫁到上有婆婆、本人是浪人的我家，使我有了妻子爱情的庇护和支撑，幸运才降到我的头上来。我再三地向推荐我去阿根廷的朋友致谢，辞去了那份工作。

一般来讲，男人如果没有朋友，特别是至亲好友的话，是一个不可相信的男人。同样，女人如果人情淡漠，即使再漂亮也没有吸引力。我的妻子与她的同学、与孩子们同学的母亲、与其他女性朋友，都是和睦相处，她让谁都感到愉快。妻子还结识了我常去的银座小酒店的女老板、女招待，很快与她们也建立起密切的交往关系，大家都很喜爱她。妻子的支持和协助，使我在人生不顺畅时也能顺利地渡过难关。

妻子结婚后没有生过什么大病,生养了两个女儿,现在都已出嫁。她对我的老母亲一直尽心尽孝,连我的姐姐们都夸奖她,她们说的不是客套话。1989年3月,我的母亲97岁时过世,妻子作为儿媳妇整整侍奉了她33年,如此长的时间真是我当初连想都没有想过的,的确让她吃苦了。

结婚以后,我走上律师之路,前程也敞亮起来。我经常回想起从战场活过来的各种体验。一想到那些死去的战友,便想到自己也会死的。那么,为什么不把自己有限的生命献给未来的和平事业呢!我对自己说,我的余生应该把那些死去战友的份也活出来,为他们而活是我对死去战友的情分和礼节。人活在世上有苦有乐,与死去的人相比,活着的人不管遭遇多少苦难也是幸福的,但这种幸福不能由我一个人来享用。

第二部
律师人生

第四章
身为市民派律师的自豪感

见习律师时代

第三次司法考试我终于通过了。同龄人中，有人比我早十年取得律师资格，我是东撞撞西碰碰的迟到的律师。但如今想来，挫折对人生是十分有益的。

司法考试合格后，从1958年4月起，我进入司法进修阶段，当时的刑事审判教官是青木英五郎先生。

审判教官大体上属于体制派，不过青木虽是现任法官，但在教学中经常向进修生讲述一些官僚[①]法官如何制造出冤狱的情况，反体制的立场十分鲜明。青木先生是位堂堂正正的人。

1960年4月，我的司法进修结束，正赶上1960年安保斗争的风潮，我加入东京第二律师会，开始了律师生涯。

律师只要进行了律师登记，就可以自己开办律师事务所，但是独立开业的难度很大。所以，刚获取律师资格的人往往会去一家律师事务所工作，或者担任企业的律师。律师行业称之为"居候辩

---

① "官僚"在日语中指政府各级机构的高级公务员，与中文的"官僚"意义不同。

护士",意思是"寄食律师"、打工律师,并取"居候"发音的前面两个音节,简称"伊索辩"。① 我经进修所干事水本民雄先生推荐,进入近藤航一郎法律事务所。

近藤先生生于1899年,时年61岁,九州大分县人,鼻下留两撇八字须,腰板笔直,是个很有风度的人。他从不讲废话,刚接触时让人感到有些难以接近,令人生畏。当时我的月工资是2万日元,要用来抚养妻子和1岁的女儿,所以我不敢不努力工作。

入所第一天就来了业务,近藤先生作为债务人的代理出席破产企业债权人会议。债权人下面的转包业主声称,由于没有收到期票,只好全家自杀,债权人代理人的律师以此诘问破产公司的总经理。近藤先生接过来这些问题,从容应答,结果按照预期方案确认了整理和再建的方针,多数出席者都表示了对近藤先生的信赖。我深深感到,律师之路并非单纯依靠雄辩来决定胜负的。

我在当打工律师时,经历过一次难以忘怀的大挫折,那是一起债权履行请求案件。一审由东京地方法院裁定我的委托人债务者败诉,之后上诉到东京高等法院。但是,在上诉审理之日,对方代理人到了开庭时间没有到庭,我便在文件上签上自己名字后,去了另一个法庭。当时,另一个法庭的局面十分紧张,我必须全力以赴,以至于脑子里全是该法庭的业务,竟忘记了上一个法庭的事情,之后随即返回了事务所。之后的几天我都没有意识到自己的过失。过了几天,委托人来询问事情处理的结果,我才恍然察觉自己失误了。连忙找出记录,询问法院,回答是开庭日双方都没有出席,而且也过了上诉期,结果是维持原判。这个失败实在令人扼腕痛惜。

事后,我还想再挽回一下,就去见了法院书记官,强调自己已经在文件上签了名,法院方面应该受理,但被回绝了。委托人叫宫永,我的失误不仅对不起宫永,也给律师事务所添了很大麻烦。虽然是我出的错,但责任是事务所负,而且当时还没有实行责任保险制度。

---

① 用"寄食律师"略显不恭,以下使用"打工律师"一称。

第四章　身为市民派律师的自豪感

我反复考虑如何为自己的失误辩解，没与任何人商量，只是一个人在心里掂量着，接连几日寝食难安，经过了一番斗争，最后终于决定去向近藤先生检讨。事先我想象近藤先生一定会暴跳如雷的，心里真不是滋味。

近藤先生闭着眼睛听我讲完，过了一会儿对我说："我年轻时也有过失败，这是常有的事。现在我们马上就去宫永那里，真诚地向他道歉！"近藤先生的这番话感动得我立时热泪盈眶，唏嘘不已。

更没有想到的是，宫永说："没关系，没关系，本来就是我的错，败了也是当然的，只不过是为了争一口气。幸运的是，我没有什么财产可做抵押。"宫永与近藤先生都是大分县人，他们让人感受到"九州男儿"的豪气。

近藤先生时常注意制止我的不安分之举。他说，想显示自己快刀斩乱麻的果断处理事务能力，实在是愚者所为。缺乏经验的年轻律师，总是忘不了判例和学说，接手委托业务后往往以那些为标准来衡量，性急地做出结论。而且，要注意控制乐观或悲观的情绪，特别是不要在悲观之时束手无策，对上门来求救的委托人不示关心。当律师重要的是，在接纳委托人的申请时应该想方设法地指出可行之路，即使在需要适当地控制对方的期望值时，也应该适当地给予满足感，更重要的是要有内心的沟通。对委托人给予同情、激励和说服，舍得花精力和时间，去建立起最基本的信赖关系。这些，近藤先生不仅是用语言，更是通过平时的工作态度教给我了。

当然，总会有不喜欢的人登门委托。元月二日的早上我接到一个电话，委托我接手当月四日的一起临时处分申请案子，这使我又一次体验到打工律师的悲哀。

独立开业

事务所的工作之外，我可以接手其他一些直接委托给我的业务，包括国家指定的辩护事件、民事事件，以及死刑案的辩护。承担这些工作，我积累了一些经验，也获得了一定的收入，积攒了一些钱。所以，做打工律师一年半后，我便拒绝了近藤律师每月发给我的2万日元工资，我觉得这样自己更自由些。我计划在这里干满三年后便出去独立开业，而这时，近藤先生正准备竞选东京第二律师会会长，我就作为代理所长又干了一年。

1965年10月，经近藤先生允许，我在日本桥角柳屋写字楼的最高层九层成立了自己的律师事务所，终于实现了自己的愿望。虽然在近藤事务锻炼了5年多，但一旦独立开业，仍像一叶小舟在大海里航行，伴随着紧张感，当然也有解放感。事务所开业之初，只有我一名律师。不久，今村嗣夫作为打工律师进所了。

今村律师旗帜鲜明地维护人权，爱喝酒，与我的脾气十分相投。写字楼的地下有饭馆和酒馆，我和今村几乎每天都从九楼下到地下去喝两口。即使是在今村正在认真准备第二天所需要的文书之时，只要我说一声"今天就干到这吧"，他就会很痛快地跟我下楼。那时，工作的节奏不是那么快，向法院提交的文书如果没有准备好，只要打一声招呼过后再交也是可以的。事务所雇了一名打字员，那时还没有复印机，就用复写纸誊写。

今村律师爱写诗，见什么写什么，既写正经的诗，也写顺口溜之类的"歪诗"。

当时事务所有3名男性，1名女性，事务所里各种文件和文书之类堆得到处都是。有时，重要的文书不见了，大家就到处翻找，还是寻不到。好不容易找到了，这下可再不能弄丢了，大家都扑到文件前。今村见到事务所这个样子，按照《铁道歌》①的节拍哼出一首"歪诗"：

---

① 明治时期出版的歌唱铁路沿线的风景、习俗的通俗歌曲，1900年起出版，陆续出版了东海道、山阳、九州、东北、北关东、北陆、关西等集。由大和田建树作词，多梅稚作曲。——原注

第四章 身为市民派律师的自豪感

所长土屋公献君，
全体所员也一样，
今天又是愁眉苦脸的，
重要文书哪去啦？
哎呀呀，柳屋九楼上，
稀里哗啦、喊嚓咔嚓，
稀里哗啦、喊嚓咔嚓。

今村在事务所干了两三年后，就独立出去开业了，我还真希望他能多干些日子。1969年，近藤先生卧病在床，我接替了他的位置，接手了近藤事务所的业务。

入门学习和歌哥泽

还是在我做打工律师的1965年春天，一次我参加了某破产公司的债权者集会。会议决定采取任意处理的方式，选出5个债权额多的公司作为整理委员，我任代理人的公司是整理委员会的召集人。会后，整理委员会5个公司的代表聚在一起去人形町一家酒馆喝酒。酒意正浓时，旁边酒席上一位绅士模样的老者说："我想来给诸位唱一段，如何？"听绅士的声音有些低沉，能唱什么歌呢。大家有些吃惊，一边面面相觑，一边鼓起掌来。

绅士正襟危坐，手拿折扇，亮着嗓子唱了起来，竟是绝等的美妙，尤其是高音部分清澈明快，听他的说话声简直不敢相信这声音是发自他的口中。他唱的是哥泽①中的"一身"曲：

心驰身外鸿，
流水泛涟漪。

---

① 哥泽是江户时代的一种小曲。

> 枕浆夜相会，
> 东白晓云曦，
> 鹃声婉约啼。

这是我第一次听到这样美妙的歌曲，当时并不知道歌词和曲名是什么，大家都聚精会神地听着，绅士唱了5分钟左右才结束，赢得了一片鼓掌和叫好声。

我在一旁借着酒劲兴致极高，不断地赞不绝口。绅士名叫布施，听我赞扬十分高兴，邀请我去和歌练习场看看。我当时表示"一定找时间去"。第二天，布施先生真的打来电话，说当晚就有练习，邀我一起去九段下的练习场。虽然是酒醉时的许诺，但答应了人家就不能食言，所以当晚我赴约了。负责教授的艺人是一位名叫哥泽芝志津的女性，60岁上下，很有品位。我还在拘拘谨谨之时，布施快手快脚地帮我办好了入门的手续。

哥泽是从江户后期流行的一种叫"端曲"的和歌中派生出的，起于长歌之后，由三弦伴奏，曲调通俗自由，兼有凝重和媚艳，其唱法在和歌中是最讲技巧的，三弦演奏的方法也具有悠长之风。哥泽内部还分派，寅派的始祖为歌泽寅右卫门，芝派的始祖是哥泽芝金，所以对哥泽的写法不一，寅派写"歌泽"，芝派写"哥泽"。

哥泽曲大多吟唱处于社会底层的游女①的忧伤、愚痴、单相思的苦苦痴情，以及一夜情的离别哀叹等，是现代人很难理解的旧时女性心理。如果做不到对这些令人怜爱、感到悲哀的内容淡淡地、非感情移入地吟唱的话，那就最好别入哥泽的门。

我最初学的曲调是名为《重扇》的短歌，不到3个月之后，在大和证券大厅召开的"师籍15年演奏会"上，艺人们身着和服出演，我也上台唱了这曲《重扇》。妻子特意来听，评价极低，说

---

① 游女指日本封建时代以演艺或卖身服侍高官显贵的下层社会女性。

第四章 身为市民派律师的自豪感

"简直是在念诗"。我不服气，从此更加发奋，每周两次前往学艺，又学了几曲。周围的朋友奚落我说："可别违反'交通规则'啊。"数年后，我得了艺名"哥泽芝志公"。对我来说，哥泽终归是业余爱好，会因本职工作的忙闲有起有落。后来，我担任了东京第二律师会的副会长、研修所教官、会长等，就因工作忙而不得不停止习艺，为了避免被开除，每月仍然交纳学费，但学习的曲调没有增加。朋友们又奚落说："这回可别'乱停车'啊。"

即使再忙，我也没有停止参加每年两度的演奏会，而且在节目单上的排序逐年提升。不过，哥泽的排序与大相扑不同，根本与实力无关，只是按照入门时间和艺名辈分的传统来排的。由于排序在上位，如今，在几十名艺人的演出即将结束时轮到我出场，很是不好意思。

我的师傅在1985年离世，在继承人未确定前有一个阶段空缺。在此期间由一位年轻漂亮的师傅关照和指导我。1986年，第二律师会举办新年会之际，为了助兴我着装演出了《松之翠》，这位师傅和另外一人为我弹三弦琴。演出后在鸡尾酒会上，一位会员十分钟情师傅，我便介绍他做了师傅的弟子踊跃入门了，但正像本人告白的那样，入门的"动机不纯"，后来也就半途而废了。

此后不久的一天，我与第一律师会的大川隆康律师在银座喝酒，提起师傅的事情，并劝大川拜师学习，他答应了。他动机纯粹，热心习艺，几年后，获得艺名"哥泽芝虎隆"，成了哥泽界有实力的堂堂一员。

后来，第二律师会的间中彦次（原法官）也进入哥泽界，艺名"哥泽芝中"，我听到后很是高兴。大川与间中每次演出活动都参加。间中君现已离世。

有一次，律师会赴京都团体旅行，在京都祇园饭庄的宴会上，有舞伎和艺伎演出，舞蹈结束时，弹三弦的老伎请客人尽兴唱首小曲，大家都退缩不肯上前。再僵持下去，京都的女性会看不起东京的男人，把我们当作没有雅兴的土包子了。于是，我鼓起勇气报了

律师之魂

一声"愿唱哥泽一曲"。老伎迟疑地盯了我一下，然后端正坐姿庄重地拨响了三弦。在当地被人们敬畏的老伎那么认真地伴奏，我一曲唱罢出于礼貌自然也会获得掌声，但是此次的反响的确不同寻常。哥泽是有些难度的曲调，或许是出于对唱了难曲的人的尊敬，年轻的艺伎们都端起了酒壶围了上来，真是没有想到的意外收获。

我的兴趣爱好与律师的业务及日常生活是没有什么关系的，持续这种也可以说是落后于时代的古旧兴趣有什么意义呢？可能没什么意义。但是，只要健康允许，我就会与恭谨的师傅们、兴致勃勃的事务所同人们一起持续下去，哥泽恐怕一生都会是我的兴趣爱好。

通过接手案件的机缘成为我的兴趣爱好的还有一个是社交舞。有一位学校校长，主动提出每周日来我家教社交舞，而且不要学费。周末本来应该与家里人一起好好休息，孩子们也都希望能与父亲一起玩玩，可是教者非常热心，不学又不好。我与妻子每周学两个小时，这期间孩子们一直眼巴巴地望着。一年当中，从华尔兹到探戈都学了，后来，因校长的身体不太好才停止了。我在研修所任教官时，有时会请来专业舞蹈教师，在松本写字楼的三楼教室里举行舞会。由于学员多是男性，女性不足，于是把律师、检察官、法官们的女儿请来了，第一次召集了许多人，但以后研修生来的很少，特意赶来的女性却没有舞伴，很是扫兴。

何谓"律师之魂"

《律师法》的第一条是维护人权和社会正义，这不是装饰性的文字，作为律师必须为维护人权而尽力。律师因此获得一定的报酬，绝不是为了赚钱而工作，是为了人权而工作。遗憾的是，现在一切为了赚钱的律师大有人在。

律师也好，医生也好，即使成不了富人，袒护弱者，认真工

第四章　身为市民派律师的自豪感

作，生活是没有问题的。医生、僧侣、律师等都是圣职，就是说，不是为了利益，而是为了帮助、救助有困难之人的职业。

有一种说法也许不太好听，即律师是靠人家的不幸吃饭的。比如，发生了一起交通事故，加害人与受害人都是不幸的，需要律师的帮助。接受受害人委托时，报酬将从受害人的赔偿金里取得。如果委托人是加害方，会希望赔偿金越少越好，因此从赔偿金中获取的报酬也少。不论受何方委托，的确是"靠"他人的不幸自己得利益的一种"买卖"。因此，绝不能把利益作为追逐的目标，不能看到有经济利益就顺着委托人的意愿行事。我就是本着这种理念从事律师工作的，因而我没有成为有钱人，当然也不至于生活得窘迫。如果年轻学子有志当律师，希望他们怀着同样的心境加入进来。会有一些律师中途堕落，但起码在做律师初始之时不应抱有赚钱的心理。

最近，成为律师的人当中，希图律师的优裕生活和较高的社会地位的人较多，真正具有律师之魂者甚少。想当初，我立志要做一名律师，司法考试遭遇各种困难，即使是在筋疲力尽时，内心里也还是抱着维护人权、帮助弱者的信念。而很多人一旦获得了律师资格，就把这些志向渐渐丢掉，心里净想着为自己争取更好的位置，比如去当企业的法律顾问，或者去更大的事业兴旺的、接手大量涉外事务的事务所等。

我对年轻的律师们有很多期待，可是，谁也不可能超越现实生活。如果律师的人数还要不断增加下去，那么大家就要在更加激烈的竞争中生存。如此一来，什么人权、社会正义、和平运动之类不过是停留在口头的话语，很难成为他们现实生活中的实践。我一直以为，我从事了律师工作是非常幸运的。"维护基本人权，实现社会正义"，确实应该是律师的义务和使命。说得严重一点，如果不赞同这一立场，就不应该去当律师。《律师法》第一条中之所以这么明确地指明这点，因为这是根本之根本，是贯穿律师一切业务的灵魂，我一直这么认为。

律师之魂

　　东京大学是培养官员的摇篮，我入学之初也曾想过是否要当一名官员。但在组织系统中，下级要服从上级，作为组织的一员必须像齿轮一样顺从地运转，自己做得到吗？思考的结论是我做不到。我想象自己如果做了官员，肯定会在某些时候、某个问题上与上司顶撞。应该说，我并非从最初就不想当官员，而是经过考虑，逐渐打消了这一念头的。尤其是后来参加了学生运动，当官员的打算更是彻底地消失了。

　　结果，我做了律师。既然当了律师，就应该做一名正直的律师，贯彻《律师法》第一条，捍卫以第九条为中心的《宪法》，我一直持有这种使命感，而且很强烈。

　　在个别案例的处理上，我在接手琐碎案件、小案件时，出于经济核算的考虑，也曾有过是否接下来的犹豫。年轻律师往往对需要付出很大努力，但却得不到相应报酬的案件敬而远之，作为一名老律师，我本来应该激励甚至训斥年轻律师，拽着他们一起不计成本地努力工作，但是渐渐地感觉这很麻烦，不如自己一个人去做。我去跑地方的简易法庭、家庭法庭，接手小案件。在早期，因为身体状况尚能允许，我去位于德岛县三好町的德岛家庭法庭池田分所处理业务，坐夜间大客车颠簸一个晚上过去，一直坚持了3年之久。最近我对健康状况不太自信了，审判也即将结束，这个案件才托付给了当地的律师。

　　直到今天，我仍然接手简易法庭的案件，常令对方律师吃惊。我虽然不认识对方，但对方知道我是日本律师联合会的前会长，便问道："土屋先生为何到这里来？"在我看来，不管什么会长不会长，况且已经退任，都不过是一名普通律师而已，我接手简易法庭的业务有什么可奇怪？我就这样答复了对方。随着年龄越来越大，我做的律师辩护这一本职工作不得不逐渐减少了。与此同时，为了反对战争，维护持久的和平，敦促日本政府正视历史、承担责任等战后赔偿诉讼方面的活动，却没有因年龄增长而减少，相反是越来越意气高昂了。

律师与战争

战争中的日本律师是个什么样子呢？那个时代，出台了《治安维持法》《国家总动员法》《国防保安法》等法律，特高警察（全称为"特别高等警察"）到处布下监视网，律师自治也还没有开始。律师们为那些因违反《治安维持法》而被逮捕的人和反对战争的人，即"非国民"而辩护，甚至豁出性命来保护这些真正具有正义感之士，希望避免被告被错误处置。

可是，法官对这样的律师极其严厉，如果想继续抗辩，会被禁止发言，被称作"危险的发言"，如果抵制的话，律师自身亦可能遭到处罚。这样的时代卷土重来会怎样？那该是多么可悲的事情！我痛切地想道出心底的忧虑。

战争时期，当局在律师会里召集一批"志愿者"，轮流进入电影院，这些人头上和身上缠着印有"一亿一心，歼灭鬼畜英美！"的带子，利用中间休息的10分钟时间，进行煽动战争士气的演说。

战后，出于对可耻历史的反省，日本制定了"律师以维护人权为使命"的法律，如果国家再要发动战争就站出来大声疾呼，为制止战争而斗争，并且建立了律师自治制度。但是，今天的律师组织走向支持战争的可能性依然没有完全消失，这令人忧虑。

为吉展事件被告辩护

律师究竟为谁工作，这个问题需要律师扪心自问，自己做出回答。尤其是刑事案件，迫使律师一定要确定自己作为律师的准则。律师首先要充分理解嫌疑人或被告人的立场，为了挽救这个人而尽自己的一切努力。

对于残忍的恶性案件，社会上严厉谴责，人人嗤之以鼻，为这样的作案嫌疑人辩护，律师往往会遭到非难，被人厌恶。

我曾数次担任过因抢劫、杀人而被科以死刑的重罪案件的辩护人，其中一次是中村觉事件。此人笔名岛秋人，作为狱中诗人而小有名气，留有诗歌集，其诗歌直到今天偶尔还在收音机的广播节目里被朗诵。我是岛的辩护律师，法庭审判的结果是判了死刑。还有，吉展事件发生后，成为一次引起社会极大轰动的事件，我担任了被告人小原保的辩护律师。

为这样的人辩护，被人非难和厌恶是不可避免的。可是，如果谁都不为此案辩护，没有辩护人的审判也就无法进行了。

接手吉展案件前，我请求允许我考虑一天。为什么呢？已经出嫁的姐姐来了电话，让我不要接手此案，姐姐家上有公婆，如果弟弟接手了这样的案件，姐姐在婆家有些抬不起头来。的确，从姐姐的立场来看，这样的担心不是没有道理的。但是我还是认为我应该接，就接下了这桩案子。

负责该事件辩护的律师是由国家指定的，小松不二雄先生和我两名，小松为首席，我为副手。小松先生曾经担任过检察官，做事不那么细致，实际上由我全面负责。我仔细地调查了案件的全部经过及各个细节，为被告展开了辩护。被告人已经被贴上凶恶残忍的标签，其实并非如此，他是一个有善心的胆小之人，事件是一起偶发案件。

法庭开庭后，旁听席上坐满了人，大多是30多岁的女性，是一些有着与被害儿童的年龄相仿孩子的母亲们。女性们怒视着被告人和我这个律师，就在她们的注视中，我对应该辩护的内容堂堂正正地进行了辩护。

我深切理解被害儿童吉展父母的悲痛心情，他们确实值得同情，因此我对犯人的憎恨也很强烈。但是，常言说"强盗也有三分理"，被告人也有一些不得已的理由。被告原本是一个胆小善良之人，因为生活困难欠了债，受到高利贷者的欺负，被逼迫得走投无路绑架了儿童吉展，他只要求了50万日元的赎金。

被告脚有残疾，拖着残脚拽着孩子，途中看到孩子可怜，曾几

第四章 身为市民派律师的自豪感

次想放孩子回家。可是转念又想，如果把孩子放回去，4岁的孩子肯定要和父母讲，是一位脚有残疾的叔叔绑架了自己，这一带脚有残疾的人不多，这样一来可能很快被逮捕。就这样，在盘算和犹豫之中，天黑了下来，他仍然不想把孩子杀掉。就是说，他从一开始就没有打算杀掉孩子，不是什么有计划的预谋事件。

另外，警察的搜查也有失误。没有准确地记忆纸币的排列序号，而且，在指定了交赎金的地点后，警察没有提前埋伏在近处长时间地监视，如果那样做的话是完全有可能当场逮捕被告的。警察竟让被告将赎金拿到手后逃走了，以至于认为犯人是相当敏捷的。

当时的报纸大篇幅地报道"嫌疑犯狡猾敏捷，在警察尚未近前的一瞬间，取了钱就跑掉了"。可是，这仅是是凭想象和推测写的，实际上，膝盖呈直角形地拖着一条腿行走的人，怎么可能那样迅速地逃脱警察的追捕呢。

警察为了掩盖初期搜查活动的失误，散布嫌疑犯是个"非常狡猾敏捷的家伙"，并且按照这种与真实犯人完全相反的推测继续搜查，结果错失了追捕的时机，两年多都没能发现嫌疑犯。待到抓到犯人，才晓得与他们的想象完全不同。

对这样的事件，其具体过程是需要详细陈述的，我把了解到的都写了下来，并在法庭陈述时实事求是地讲述了。比如，嫌疑犯在掐熟睡儿童脖子时内心的斗争，导致他自首的宗教信仰动机等。可是，旁听席上的为数众多的女性，特别是年轻母亲们的咄咄目光，不由得使我产生了很大的心理压力。如果是在今天，或许好扛过去，可是那时我刚当律师不久，还缺乏经验，只好使劲咬着牙忍耐。当被告的辩护人是一桩很不讨好的差事，可是，只要有人委托，即使再不讨好也要去做，这就是律师。

在上述那样的状况下，为被告做辩护难度很大。被告人并非穷凶极恶之人，在被逼无奈的情况下犯下了绑架杀害儿童的重罪，所以，作为辩护人希望法庭能够考虑这些因素。然而，我越辩护越招来反感，那种气氛就像是这边在无理搅三分，也像是假惺惺

67

地言不由衷。

就这样，尽管我尽可能地进行了辩护，但却不被法庭接受。那么多的旁听人，那么多的媒体报道，审判长的名字也被公之于众，在这样的情况下，审判长是不可能体谅被告人的种种作案背景而做出从轻的判决的。

被告的死刑判决宣布后，我于当天就拜访了被害儿童的父母，我虽然是为犯人辩护，但从心里为小吉展的遭遇感到可悲可叹，我在孩子像前烧了一炷香向他表示歉意。

我很希望人们能够理解辩护律师的立场，但一般都不会是这样。辩护律师的根本在于理解被告人或嫌疑人的立场，但被告人明显在说谎时，要明确地规劝他："你这是行不通的，不清楚地坦白自己做的坏事，不反省怎么行！"扯谎是不可以的，即使是隔着铁窗，律师也要做被告的说服工作，要想方设法地追问"你的确是做了还是没做？"分辨真假会是非常困难的，但是如果被告坚决主张自己无罪的话，律师也只能权且按照无罪去辩护。

即使判断无罪或者有罪很困难，在具体情节上总是可以追询为什么出现了这样的结果这类问题的，背景分析方面排除谎言相对容易一些。总之，辩护律师必须为了保护委托人而努力斡旋，这是辩护律师的应有态度。

受骗的律师

作为一名律师，处理任何事情都必须遵守法律，履行正当手续。按照《联合国宪章》成立的国际法院，采取和平手段，堂堂正正地依据法规来解决国际事务，这样的审理方法被称之为"Due Process of Law"，即"按照法律的适当手续"进行审理。我们在维护人权时，也必须遵守适当的手续。法官和检察官的立场，往往是"尽快处理这家伙！"他们希望不必一一恪守规定好的程序，最好是省略一些手续，主张"反正是坏人，早点处理为好"，总想让坏

第四章　身为市民派律师的自豪感

人尽快在国民面前消失，否则时过境迁，舆论不关心了，国民中也会产生厌倦情绪。西部电影中常有这样的场面，抓住恶人后不多讲什么，也不履行适当手续，法官还没到就先给绞死了。这样的情景不允许在现实中上演，必须"Due Process of Law"。

今天刑事诉讼法的原则，是人类长时期以来形成的智慧，是在世界范围内实行的制度。绝对履行这个"适当手续"就是保卫人权。对那些希望尽快处理的法官和检察官，应该向他们指出"这样做违反规则"，或者"证据调查不充分，能做判决吗"，这才是维护人权的思考方法。有些辩护律师被指责"啰唆"，甚至因此被处罚。我们必须为不再出现这样的现象、为维护"Due Process of Law"原则而斗争。

从1979年4月到1982年3月的近3年间，我在司法研修所担任刑事辩护教官。讲义按照课程计划进行，有许多课题要向研修生讲解。讲课内容由教官会议决定，但规定内容过多，实际上往往是讲不完的。讲课时，我更愿意讲述一些自己的律师经历，尤其是失败的案例，也许对研修生们的学习起不到太大的作用，但是，比起听我一本正经地讲教科书，他们更喜欢听我的失败体会。

举一个例子。有一次我担当国选刑事辩护律师，接手一件盗窃案，被告是一名看似很单纯的青年，以前曾经被捕过，被判监外执行，其间他把打工店老板的摩托车拿走卖掉了，老板很是生气报了案，他又被逮捕了。因为是在监外执行期，在犯罪原则上是不能再判监外执行的，但我还是想为他争取监外执行。

我在辩护时说："被告从东北的地方上来到东京，今后如果还继续留在东京的话恐怕是改不好的，我负责把他送回到家乡去，所以请判监外执行。"当时我想法庭未必能够接受这个提议，却没料到结果真的判了监外执行。被告取回警察扣压的行李等物，从上野车站登车，我为他买了返乡的车票，还送给他车上的盒饭钱，一直送到检票口，勉励他好好地干，并嘱咐他到家后寄张明信片给我。

我以为他真的返回了家乡，岂料他此一去却杳无消息，我感到有些奇怪，就给他的母亲写了一封信。母亲回信说："他已经不是我的儿子了，你也不必再理会他。他根本就没有回来过。"他一定是进了检票口后又返回来退票，之后就逃之夭夭了。后来也没有这个人的消息，估计还在东京生活。

就是这样，我尽管煞费苦心，结果还是被委托人骗了。为刑事案件辩护，虽说有被欺骗的可能，但不能因此而不去。被骗也是律师，坚持去做自己认为应该做的，这才是最重要的。

我还给研修生们讲了其他一些例子，比如前面提到的，我当打工律师时，有一民事案件由于我的疏忽，上告被撤销、维持了一审判决的例子。不仅是失败的案例，我对吉展事件等案刑事辩护的体会也讲给研修生们听了。

一次被骗还不能就说失败了，即使被骗，但还是始终如一地坚持和贯彻自己的信念，这便是律师之魂。我对那些希望从事律师职业的研修生们强调，即使是受到受害人、一般民众以及媒体的抱怨，只要接手了被告人的辩护委托，就应该把该说的话堂堂正正地说出来。

对恶劣律师的惩戒

最近，关于律师辩护活动的惩戒处分申诉多起来了，其中，不少是怀有恶意，肆意要求惩戒律师的举动。

如果律师有利用职权触犯人伦的行为，这样的律师的确应当成为惩戒的对象。律师会制定的自治惩戒制度，是一项十分重要的制度。但是，只是因为对律师的辩护活动不满意就任意要求惩戒律师，这样的倾向也是不能容忍的。

最近，就光市发生的母子受害事件，桥下彻律师在电视节目中进行煽动，主张对被告方安田好弘律师"必须惩戒"，之后，大约有 4000 件惩戒申诉矛头直指安田律师。

桥下律师外表不错，是电视节目的常客，经常口吐妙语博得人气，之后在大阪知事选举中获得了大量的人气选票。但是，他身为律师做出那样轻率的发言是绝不能被允许的。

安田律师是位真正的律师，即使是惹人嫌的棘手角色，他也泰然承担了，堂堂正正地为被告人辩护。他仔细地斟酌被告的供词，并拿出了由3名很可靠的鉴定人做出的鉴定书，此案中有一些非常难以理解之处，只要读了这些鉴定书就可以得到一些解释。

于是媒体热炒起来，说安田律师有伪造行为，不考虑受害人的心情，是一名恶律师。桥下律师趁热闹利用媒体煽动，主张惩戒安田这样的律师，结果，约有4000件惩戒申诉飞到律师会。可是，包括主张惩戒的桥下律师、媒体记者，是否从头至尾认真地阅读了鉴定书呢？恐怕没有。

安田律师很有骨气，不退缩地接手了这桩难以辩护的重大案件，后人很难模仿，他可以称作是律师中的律师，认识到律师职业的存在意义。桥下律师是否理解到这一点呢？从他做出那样的发言看，实在是令人怀疑的。

审判过程中，法官理应仔细地阅读鉴定书和被告人的陈述，但是，是否真正这样做了则不得而知。如今，法院为了博得社会上的好感，很难做出违背舆论的判决。近来出现世人瞩目的案件时，法官的形象会出现在电视上。法官应该不计世俗的好恶，依据宪法、法律和良心，为了正义做出判断。尽管法官也是人子，心系世情，但如果做出迎合性的判决，那就从本质上违背了司法独立的原则。

最近，围绕朝鲜总联出卖中央本部土地和建筑物事件，媒体报道得很多，检察当局也介入了调查。我受朝鲜总联委托担当代理人，被视为"有非法行为"，真是莫名其妙。而且，以我接受朝鲜总联委托为由，有3个人分别对我提出了惩戒申诉。我只得去纲纪委员会申辩，纲纪委员会要求我提交各种补充资料，又得四处寻找之后交给他们，真是麻烦至极。

纲纪委员会向惩戒申诉人多次发出通知，希望他们前往律师会申诉意见，但是他们谁也没有理睬，没有露面。为什么不能堂堂地

律师之魂

站出来解释惩戒申诉的理由呢，既然提交了左右别人命运的惩戒申诉，就出来讲一讲你们自己的信念嘛，竟然一唤再唤不回应。如此没有诚意、不负责任的态度，令人生疑。为此，我浪费了许多宝贵的时间，实在是可悲可叹。

而且，因为有3个人提出申诉，对每份申诉都必须应对，原则上需要出面3次。如果是这样，安田律师收到4000余人的申诉，岂不是要出面4000次！于是我质问纲纪委员会："安田先生要出面4000次吗？"回答是"因为是同样的申诉一次就可以了"，为什么落到我身上，内容也是同样的，偏偏要出面3次呢！

问题的根本在于，惩戒申诉指责我为什么把朝鲜总联当作朋友，为什么要替他们辩护？不论是什么样的恶人，作为律师都有义务为他辩护，况且，朝鲜总联是恶人吗？的确，日本人中有许多人讨厌朝鲜，对朝鲜总联施加压力的要求也很强烈。不过，持有理解心之人也不在少数。

为了保护在日朝鲜人，有必要保留相当于驻日本大使馆的朝鲜总联使用的土地和建筑。事件的本质是试图摧毁朝鲜总联，不能不说，这是带有政治恶意的。所以，为了从不正当的处置中挽救朝鲜总联，我合法地回避了拍卖。如果是违法地逃避拍卖，被指责犯有妨碍执行罪、买空卖空罪、公正证书记载不属实罪等是可能的，但是这些指责都不成立，因为朝鲜总联没有任何违法行为。尽管进行的是正当的买卖活动，但检察当局以"非法处置"介入进来了。

我的立场没有任何违法性，最后连检察当局也表示了对我的理解。即便如此，却有人将惩戒申诉书送到律师会，使得我作为当事人也得向纲纪委员会申辩，该说的话我都在辩明书中写清楚了，当然允许对辩明书中的内容有疑义，可是只要认真阅读一下辩明书的内容，就会知道这些惩戒申诉纯属无稽之谈。只因为律师中有些人很讨厌朝鲜总联，所以肆意提出了惩戒申诉，如果不问是非曲直就予以惩戒，律师应该做的事情就无法去做，这是绝不能允许的。

第五章
坚持司法独立

伊达判决与三权分立

依据《旧金山和约》，以日本加入美国在亚洲的军事体制框架（安全保障体系）为条件，美国解除了对日占领，日本在形式上实现了"独立"。但是，这是单独和谈、片面和谈。

《旧金山和约》是与《日美安保条约》捆绑一体的。吉田茂内阁承认美国对冲绳的继续占领和统治，接受美军驻扎在日本全土。为了确保和扩大美军基地及演兵场，政府从农民手中夺走了农田和村落共有地，从渔民手中夺走了渔场。

于是，民众反对战争、反对再军备、维护和平宪法的呼声，与农民和渔民抗议农田和渔场被剥夺的怒吼声汇合在一起，在内滩、妙义山、日本原、北富士等地，发生了反对美国基地的斗争。

1957年7月8日，美军强行在东京立川市的砂川进行扩张基地的土地测量，民众掀起了反对美军扩张立川基地的斗争，学生和工会成员与警察发生了激烈的冲突，游行队伍冲进美军立川基地，许多人被逮捕，其中有7人被起诉。

1959年3月30日，砂川事件审判的一审判决由东京地方法院审判长伊达秋雄宣布，美军驻扎日本是基于《日美安保条约》，但是违背《宪法》第九条不保持包括自卫在内的一切战力的原则和《宪法》前言中的和平主义，宣判被告无罪，这就是有名的"伊达判决"。

伊达先生是我在静冈高中的大前辈，他成为律师后，我与他有时一起饮酒小聚，成为朋友，他不爱空谈理论，性格非常豪爽。

对砂川事件做出违宪判决后，伊达明确表示"明显违反宪法所以没有别的写法，判决书上只能明确地下结论是违反宪法。也许还可以稍微做一点修饰，但终归不还是违反宪法嘛"，"如果有可能的话，也会拿出一份得要领的判决书，可是不可能，因为怎么看都是违宪"。如此破天荒地爽快！因为对砂川事件做出了违宪判决，伊达难以继续在法院工作下去，之后便辞职了。

判决做出后，检察方越过东京高等法院，直接向日本最高法院上诉，违反通常做法，用了越级上诉的办法。这样，控诉方剥夺了被告方充分表达自己主张的机会，对事实的审理也没有得以深入展开。结果，最高法院做出了相反的判决，认为"宪法规定的禁止保持的战争力量，系指我国指挥管理的战争力量，在我国驻留的外国军队，可不视为日本的战争力量"，判决的内容与前述吉田首相的见解宗旨相同。

最高法院的判决推翻了伊达的违宪判决。美军的驻留被视为合法，渐渐地连自卫队的存在也被容忍。关于自卫队是否违宪，"最高法院回避做出其依据宪法的判断"。为什么呢？最高法院的解释是，这是具有高度政治性的统治行为，"最高法院不触及高度政治性问题"。

如此一来，就涉及"司法究竟是什么"这一根本问题。法院的确不能毫无顾忌地监察政治及行政的违法性，不能干涉国会的具体规定，但如果国会制定的法律违反了宪法的原则则是必须纠正的，这是三权分立的政治体系中司法的关键所在。可是，最高法院以其具有高度的政治性，不属于司法干预的问题为由而不过问统治行为的话，司法自身就萎缩了。

这就等于司法把自己束缚在框子里，放弃了三权分立中司法的权利。司法变得不负责任，也就放弃了对行政的监督。正是在这个意义上，司法必须进行改革。如今，行政案件中，政府的胜诉率达90%以上，民间的胜诉率仅为百分之几。德国与日本相反，民间的胜诉率达60%以上。

今天的日本，三权分立实际上近乎无，地方法院的审判几乎都遵循政府的论调。越是在这种情况下，最高法院越应该毫不犹豫地保持独立，即使违背政府的方针也予以判决，这才是应有的态度。

围绕日本战后赔偿问题的审判，如果日本考虑到来自国际上的各种批评，则更应对受害者予以救济和加害赔偿。其实，不要等别人批评，自己就应该为了维护正义而进行判决。而且，法理是有利于受害者的。依据法理，判受害者胜诉有充分的依据，而判受害者败诉则理由不充分。可是，法院却利用陈旧无力的法理判原告败诉，最后，最高法院也站在维护现政权的立场上做出了与政府相同论调的判决。

从这一意义来说，今天的法院体系从地方法院到最高法院都腐朽了，坚持正义立场、有良心的法官受到压制，最终只能做出违宪的判决。三权分立成了表面形式，实际上三权并没有分立，这就是今天日本司法的现实。

1891年，俄国皇太子访日时，遭到一名日本警察的袭击，史称"大津事件"。当时政府及媒体的一致反应是，"简直太不像话了"，"这对国家间条约以及外交政策都将带来极深刻的影响"，强烈呼吁必须对犯人判处死刑，否则无法向俄罗斯交代。

当时的法律规定，加害于或者蓄谋加害于皇室的，毫无例外地都被判处死刑，其他判决，甚至连无期徒刑都不在选择之内。可是，这是对加害于日本皇室的规定，对外国皇室却没有任何规定。当时，政府的方针与舆论一致，认为俄国皇室与日本皇室属于同等地位，出于刑法的解释应该处以死刑。俄国方面也做出了同样的反应。

大审院院长儿岛惟谦却认为，既然日本没有相应的法律，那么为了判处犯人死刑就扩大刑法解释是不能被允许的。他依据法律和自己的信念判处犯人无期徒刑，引起了社会各界的强烈责难。大审院即相当于今天的最高法院，没有遵从政治考虑，而是依据法律的解释坚持了这一判决。

这起案件的判决在法学部的教授及学生当中成为美谈，在谈及司法权以及司法独立时，总是以儿岛惟谦为榜样，这是学习法律的人的常识。然而，标榜以儿岛惟谦为样板，又是最高层次的审判机关的最高法院，今天竟然只做维护政府意旨的判决，简直成了国策司法！

2008年日本律师联合会举行新年会时，我被推为干杯的音头[①]，想是因为我曾任过日本律师联合会会长，在出席的人员中又是年长之人。最高法院院长、检察总长以及法务大臣都出席了新年会，开头的致辞结束后，我简短致辞说："以前有句话，司法三家的协作才有司法的进步，即使立场不同，三家如果不协力则不能保障司法的顺利进行，我想的确是这样的。尽管立场不同，也是必须协作的。本来律师有律师辩护的立场，检察官有检察起诉的立场，法官有法官审判的立场，那么，为什么还要协作呢？是为了司法的独立，如果实行国策司法就麻烦了。明治24年（1891）的儿岛惟谦先生，面对着政治形势和外交考虑的压力，仍然坚持不能曲解法律，出色地贯彻了司法独立的宗旨，为了司法独立必须协作，绝不允许歪曲独立的协作，更不允许国策司法！诸位，为了司法独立干杯！"

最高法院院长等高官们都板着面孔听着，当我走下讲台时，他们都背过脸去。如果他们在心里哪怕是稍稍思考一下现状，我的致辞也算是有一点效果吧！

---

① 音头，即宴会开始时，担当致辞并提议"干杯"之人，一般由德高望重者担当。

为何不敢做出违宪判决

做出正确的判断是法官理所当然的任务,如同《宪法》第七十六条规定的那样,必须依据宪法、法律和良心做出判断。但是,现实中法官是公务员,总是煞费苦心地想着如何出人头地。

与我一起参加司法考试的人中,有的当上了法官,他们都有自己的家庭,妻子会在他们耳边吹风:"你看谁谁,去了东京的法院。怎么你还待在地方法院?早点去东京多好……"

法官的人事权掌握在最高法院的事务总局手中,如果想维护宪法,依据法律做出违宪判决,就不可能得到提升。

要想得到提升,不老老实实是不行的。宪法、法律和良心,是法官做出判决的依据,很多人虽然有良心但没有勇气。法官也为人之子,谁都不希望自己的家庭遭遇困境,也不希望自己被降级调职,不仅希望不被降级调职,还希望提升得快一些。

很遗憾,今天的最高法院体系已经失去了宪法所规定的法官独立的姿态。为什么呢?最高法院的事务总局完全是一个官僚机构,比起行政官僚来,司法官僚更官僚。因此,今天的法官,虽然冠冕堂皇地自诩独立,但现状却是越来越丧失独立,最高法院事务总局应该对自身的臃肿化和官僚化感到羞愧。

从法院看司法改革,应该恢复的是法官的独立性。只扩大律师队伍,不增加法官人员,势必会使审判简略和粗放化,结果,原本应该胜诉的却败诉,应该败诉却胜诉,这成为侵犯人权的判决和冤案出现的重要原因。

失去功能的法庭审判

远离人权的司法作为以及审判的长期拖延已成常规。仅就长期拖延而言,对参与诉讼的人们而言是一个很痛苦的过程,也会出现

律师之魂

一系列的问题，无论是刑事还是民事审判都有这种情况存在。

刑事审判中也有人希望尽早审判，但其本意是为了追求事件的真实，为了求得真实多少拖延一些时间也是没有办法的，反过来为了追求速度而做出拙劣的审判、出现冤案是不被允许的。

有句行内话形容刑事审判中想方设法从速判的现象："司法从速有名声。"的确，拉长审判期是有一些问题的。然而，绝不是越快越好。"从速"的结果往往是未弄清事实真相就草草做出判决，那当然是不可以的。

一般来讲，刑事审判中，即使要求"再用一些时间，传讯更多的证人，彻底弄清真相"，法官也会以一句话驳回："没有必要！"结果在很短时间内，就宣判了死刑或重刑，这样的事例并不少见。

所以，有必要认真思考当今的法庭审判究竟发挥着什么样的功能。法官数量太少了。律师会曾与大藏省交涉，要求增加法院的预算，增加法官人数，但是法官的数量没有增加，只是增加了律师的数量。

律师人数过分增加，正像前述的那样，要想做一个有良心的律师就有维持不下去的危险。生存竞争中，恶用法律知识，做坏事的律师也颇有人在。如同一把双刃剑，法律知识既可以向好的方向运用，也可以向坏的方面运用，如果是后者就很危险了。

今天，司法的状况很糟，已经逐渐沦为远离人权的司法。本来法院和法官应当履行正当手续，即"按照法律的适当手续"办案，这样做的话审判期就要延长。现在法官就在抱怨进展太慢。可是，不按法律和手续的审判是不被允许的。不应因为法官数量少而降低审判质量，唯一的办法是增加法官和检察官的人数。法官人数过少，则难以履行"按照法律的适当手续"，法院成了权力型机构。

反之，如果审判期拉得过长，十年才能做出结论，那就失去了审判的意义。比如，申请归还不法占据不动产的讼案，尽快展开详细调查推动问题的解决就是了，然而法院却说"审理这样的案件耗费时间，恐怕需要十年"，还劝说道："如果归还要耗费十年的话，先让对方支付贵方提出的归还总额的一半，可以吗？"因此，法官们还会说："日本的审判期长，能不能别意气用事，忍耐一下，与对方和解怎么样？"这样的做法实际上是对社会正义的亵渎。法院本应是伸张正义的地方，但法官把从速处理作为处理事件的标准，强调审判期长，把正义置于一边，强行要求和解，这些问题也是法官人数不足而带来的。

　　法官的人事，本应该由法官组成法官会议来决定。但在官僚制度下，从上到下，法官的人事全部由最高法院的事务总局掌握。为什么会出现不敢做出违宪判决的现象？在今天这样的状况下，勇敢的法官，不服从最高法院的判例的法官，是不能晋升的。有良心和正义感的法官，如果果敢地做出了正义判决，这个人是不可能有前程的。说句失礼的话，事实上，大多数法官都患有"升迁担忧症"，抱有出人头地的意愿。

　　国家预算中法院的预算几乎没有增长，司法预算占国家预算的0.4%。维持三权分立的司法预算，过去曾经超过国家预算的1%，而现在只是以前的一半左右。法院的预算应该增加2～3倍，最高法院事务总局自己就说："不可能，大藏省不会点头。"大藏省与律师会之间相互交涉，律师会去大藏大臣以及次官那里，请求增加司法的预算额度。从三权分立的本质看，法院不能去影响政治家，律师则可以去国会活动，影响国会议员。增加司法预算，增加法官数量，充实法院，是推进司法改革所必需的。可是，最高法院采取不容律师会插嘴法院问题的态度，而他们自己又丝毫不动作，使得司法改革的根本问题得不到解决，改变的只是律师数量的增加。

人质司法化的刑事审判

　　近年在刑事审判中，逐渐出现了人质司法化的现象。所谓"人质司法化"，就是如果被告拒绝承认犯罪，则在审判进行期间，被告一直处于被拘留状态。本来如果推定无罪的话，应该在不剥夺被告自由的状态下进行法院审判。可是今天，对那些不顺从的被告，检察方会说"有隐瞒销毁罪证的可能性，因为在主张无罪"，或说，"因为在为证实无罪而收集对自己有利的证据"。本来，被告搜集对自己有利的证据，保护自己是受宪法明确保障的。但是，法院却会认可检察院的违法要求。

供认自己做了坏事的被告往往会被放出来，但是坚持自己无罪的被告却很少能够被放出来。有的甚至一审就是15年，而被告就15年也没有外出的自由。这样的审判判了几年刑呢？有判5年的。为这5年刑罚的罪是有还是没有竟然法庭争执了15年。而法庭却反过来怪罪律师，说是因为律师总在那里辩护审判才拖长的，如此荒唐的刑事审判，如此荒唐的逻辑。

另外，检察院利用国家的经费，动用权力机关强行收集证据的事例也屡见不鲜，其中也会有大量对被告有利的证据，可是，他们却隐匿这些无罪的证据。而被告一方呢，为了收集无罪的证据，律师只能迈开双腿，既没有权力，也没有资金。检察方可以强行进行住宅搜查，随意收缴和没收。如果他们公开收集到全部证据，其中肯定有对被告有利的证据，但是，他们却封锁这一切。

最近，冤案经常出现，刑事审判的人质司法化以及证据不公开，是产生冤案的重要原因，这种状况是必须要改善的。

产生冤案的密室审判以及使复仇心理的量刑危险性增大的审判员制度

目前日本引进的审判员制度，从根本来上说是官僚审判制度。美其名曰国民参加司法，实质是利用国民来维护官僚审判制度，与陪审员制度截然不同，距离真正意义的国民参加司法尚远。

必须想方设法避免冤案发生是刑事诉讼法的基本理念。可是，如今实行的审判员制度，毋宁说越来越增加了冤案产生的危险。特别是在量刑上接受审判员的意见，其结果是受害人的感情在其中有很大的影响，出于复仇考虑，量刑偏重。

就今天日本的社会状况看，很难期待不顺从法官颐指气使的指挥、以坚定的信念始终坚持自己的意见的审判员能够出现。因此，审判员不过是被利用的偶人，从这一意义上说，我不得不坚决反对审判员制度。

审判员涉及的案件往往是重罪案，案件的内容复杂，以尽量减轻审判员负担为由，会尽量缩短有审判员参加的法庭辩论的时间，一般实行集中审理方式。

而为了集中审理，公开审判前的手续在法官、检察官以及辩护律师之间进行，一般情况下不予公开，审判员当然也不参加。一切方针在密室里已经确定下来了。由于是在密室里，法官的意旨占压倒性的优势。

公开审判时，法庭上有旁听人在场，法官在众多旁听人面前不会太露骨地将自己的主张强加于人。可是在密室里，重要的问题最终都是由法官敲定，诸如提供什么样的证据，传唤谁当证人，制定的供述调查书是否采用，等等。而辩护律师为了被告利益而提出的意见，常常不被采纳。

在法庭上，因为有旁听人在场，法官不能随意按自己的意图进行审判，检察官也不便用国家权力施加压力，审判进行的是否符合正常的法定程序也会一目了然。开庭审判的意义就在于此。可是，由于实行了审判员制度，以此为契机，开庭审判的程序事先在密室里确定，这时如果辩护律师坚持辩护意见不妥协时，法官以妨碍审理为由罢免律师的可能性增大。

辩护律师慑于被罢免的威胁，就不得不服从法官粗暴的颐指气使。为了实行审判员制度，日本已经修改了刑事诉讼法，开始实行开庭前商定审判程序的做法。这样就使得刑事诉讼开始远离其维护基本人权的基本点。虽然司法改革被叫得很响，但实际上刑事诉讼制度上的问题根本没有得到修正，甚至是违背宪法所规定的基本人权的恶劣制度不断出台。

对于以上问题，许多担任刑事诉讼辩护的律师都站出来进行批判，指出它们的存在。可是，日本律师联合会总部的律师中，有些人一次也没有参与过刑事诉讼，他们多是担当企业的顾问，站在企业的立场上从事律师的职业活动。这些人虽然有很大的发言权和影响力，却没有深刻体会到刑事诉讼过程中的严重问题，甚是令人遗憾，律师会的现状也令人担忧。

第六章
为什么必须实行律师自治制度

强制律师加入律师会的意义

律师不加入律师会则不能成为律师，强制加入律师会是法律规定，一旦被律师会除名，也就意味着结束了律师的生涯。

为什么要强制加入呢？有时，为了保护人权，律师必须与国家权力做斗争，在与国家权力对抗之时，如果受到来自国家权力的监督和干涉，势必不能展开自主自治的辩护活动。为了不受到国家权力的监督，律师的自律是非常必要的，所以成立律师会实行自治以监督律师。律师如果违反规则，或者品格和操行恶劣时，要受到警告或惩处。

但是，为了保护被告的利益，律师在法庭上与法官针锋相对以及与检察官针锋相对的行为有时也被说成"品格和操行恶劣"。战争时期，有些律师为了思想和信念，与国家权力进行针锋相对的斗争，受到了国家以"冒渎法庭"之名的惩戒处分。所以，如果律师自治遭到侵犯，律师就不可能很好地履行维护社会正义和人权的使命。

对战争时期的苦涩经验有过深刻体验的律师会，战后为了实行律师自治，在战败后民主主义的潮流中，通过议员立法提案制定了

《律师法》，终于确立了这一制度。因此，尽管社会上所有其他职业都必须接受政府的监督，唯有律师，既不受法院，也不受法务省的监督，而是置于特殊的监督体制下。

但是，这绝不意味着律师可以自命不凡，只是为了认真地贯彻自己的使命才实行律师自治。

因为律师会是强制要求加入的团体，所以各种类型、持各种观念的律师都加入进来了。有人认为在这样的情况下，日本律师联合会会长按照自己的信念去引领会员的做法是不自量力的。他们认为，在全体律师会会员思想统一之前，会长不能发表偏袒一方的意见，即使发挥指导作用，也是在全体会员意见统一了的前提下。会长只是在思想统一的基础上引领会员前行，绝不能把自己的意见强加给会员。

乍看起来这种观点好像公允，但实际上它仅仅是一种托词。如果一切运行只是顺其自然，那么执行部就成了不负任何责任的机构。既然如此，为什么还要热心地参加竞选争着去当会长呢？领导权又在何处发挥呢？日本律师联合会会长的职务，是依照自己的目标和理念去领导律师会，当选后应当依据自己的竞选诺言去引领会员，并逐步统一全体会员的思想。

我退任后，经常很想对后任的一些会长进言："会长的态度不应该那样消极被动的，那样的话还要你这个会长干什么呢"，真是有点"婆婆型性格"。如此下去的话，这种顺应体制型的会长会被接连地选举出来，律师会就会成为按照政府和最高法院的意旨行事，被企业的态度和财界的意愿所左右的组织。而且在当今日本不断开启战争准备的状况下，如果不接受历史教训，战时的大政翼赞报国律师会岂不要再现了吗。对此我深感忧虑。

战时律师会的活动大致如下。1933年5月1日，"全国律师购置武器募捐"活动开始，这是全国范围开展的为军队购置武器而进行的捐款活动。1937年8月9日，第二东京律师会又呼吁会员展开了"皇军慰问会一元捐款"活动，募集750万日元。同年12

第六章 为什么必须实行律师自治制度

月13日,律师会又召开"攻陷南京庆贺会",在南京大屠杀正在进行之时,为庆祝占领中国首都,日本全国一片沸腾,律师会率先举办了"庆祝"活动。

1942年,《战时立法五法案》出台,律师会一致表示赞成通过,其中包括"从速判决"等司法法律,为了配合战争从速判决是非常需要的。1944年2月17日,"大日本律师报国会"宣布成立,律师行业开始更加有组织地协助战争的推进。我们绝不能允许日本再走上这样的道路。

现在,走在国民的前面呼吁反对战争、全体成员都要加盟的团体只有律师会。当然,也有些团体以反对战争为宗旨。强制会员必须加入的律师会之所以能够喊出反对战争的声音,非缘他因,正是由于有自治体制的保障。进一步说,为了保护在许多场合与国家权力对立的律师们,通过律师会的自治,律师活动得以排除国家权力的干涉,失去律师会的自治,对抗国家权力的难度可想而知。所以,为了实行律师会的自治,必须强制所有律师加入律师会。如果有脱离律师会之外的律师,则律师会的自治不能成立,监督也无法进行。这一制度的原理是极其简单的。

有人从这一意义上误解强制加入,说既然是强制加入,各种想法都应当被允许,对维护人权不关心也可,讨厌反战维权的律师会活动也可。这样的态度是不能容忍的。律师的义务是积极地履行"维护人权和社会正义"的使命,律师是为此而加入律师会的。

不理解律师使命的人,最好是请他退出律师会。什么"因为是强制加入有什么办法呢","也要允许有各种各样的律师"等,都是本末倒置,而这些论调现在越来越盛行了。在律师会召开的研讨会、全体大会上等,经常可以听到"强制加入带来的问题,没有办法"之类的说法,却不见提起强制加入是为了什么、其意义是什么。把为了维护人权这一根本理由放在一边,还在那里振振有词地解释现状,这种现象实在令人叹息。

剥夺律师自治的司法改革

我属于东京第二律师会，作为一名律师参与该会的人权委员会，从事反对刑法改恶①、反对少年法改恶，以及参与抵制司法改革中的危险动向、推进真正的司法改革的司法问题委员会等许多活动。

法务省、法院、律师会三方组成协议会时，我参与了一些活动。最初的议题是律师不在庭的审判问题。所谓律师不在庭审判，意为法官进行强压式的法庭审理时，辩护律师据理力争，因而被勒令退庭，在律师缺席的情况下法庭审判继续进行。为了阻止无律师的法庭审理强制推行，我做了一些让步。关于这个问题的协商至今仍在进行。

日本律师联合会之下有惩戒委员会、纲纪委员会，以前各有3名成员，分别由学者、法官和检察官组成。律师会的改革方案是增加1~2名律师，但协议会的其他两方提出学者、法官、检察官的名额也相应增加，律师会让步了，结果是学者、法官和检察官的名额也相应增加了。

签订三方协议时，我不得不做一些妥协，但最终结果都不甚理想。后来有一些批评意见主张，当时如果允许荒唐的法律出台，强压式法庭审理的弊端暴露出来，我们再群起而追究之岂不更好。但是，事情果真能按照我们所想象的那样进行吗。相反，也许会出台更加强制性的法律，对律师的惩戒也更见严厉，这不是没有可能的。至今我们还看不清楚事情会向什么方向发展。不过，有一点是清楚的，那就是妥协是不好的。

司法改革的初期，还是呈现过一些好兆头的。可是，随着司法

---

① "改恶"一词是日语，意思是向坏的方向变革，如"教科书改恶"等，考虑到国内读者的理解，这里原文使用。

第六章　为什么必须实行律师自治制度

改革的具体化，与改革的初衷南辕北辙的实际情况逐渐地明朗了。

"以律师自治为第一要义的律师会真是个障碍"，"动不动就把律师会自治的盾牌拿出来"，这些看法开始对司法改革产生影响。今天的日本正在进入战争准备体制，律师会经常发表抵制的声明，召开总会通过反对的决议，有人就说律师会是个狂妄的团体，跃跃欲试地要取缔律师会的自治。可是，对此动向律师会却显示出懦弱态度，这无异于自己就开始放弃自治的原则。

由于现在进行的司法改革的影响，律师的数量一下子增加许多，难免鱼龙混杂，加剧了竞争态势，有些律师可能"吃不上饭"，在困境下或许做出一些出格的事情，于是成为惩戒的对象。这样就酿成了接连不断大批惩戒的倾向，而仅由律师惩戒其他律师是不可以的，于是民间人士参与进来，更推动了惩戒不法律师的势头。在这样的情况下，律师必须时刻观察周围局势，开展业务时非常谨慎。

而且，如前所述，由于律师数量的增加，从辩护业务讨生活变得困难起来，费用不划算的案子则不愿接手了。像我这样的律师，生活上多少有些富余，会考虑律师的使命，即使不划算的案子也要接手。如果是生活有些窘迫的律师，成本问题是生计攸关的，不划算的案子也就不接手了。而且，凡涉及人权问题的往往是棘手的案件，这样的案件不再吸引律师的注意力，疏忽律师使命的倾向愈加明显。目睹司法改革的现状，我痛感事情正朝着令人担忧的方向发展。

司法制度改革审议会中有民间人士担任委员。倾听市民的声音是好事情，但是，这些市民究竟是谁呢？

现实情况是，有发言权之人的影响力是很大的，而一般的市民，凭着良心努力工作的人们，却既没有发言权也没有影响力。即使偶尔发表一些很好的意见，也传不到决策者的耳朵里，充其量不过是周围的几个人听听而已，媒体也不会加以报道。

所以，所谓的市民委员是有影响力的强势市民，是应该加个引号的"市民",并不是急需法律援助的一般市民,而是与保守党有关联的企业代表,或者是企业利益的代表,是代表和维护统治一方的"市民",如果把这些人的愿望当作市民的声音的话,只能使司法距离人权越来越远。

这些企业代表对律师的态度是能利用就利用,用了之后就扔掉,或者以低薪聘其为企业顾问或雇员,使之成为企业内部的律师。企业都设法招聘一些优秀的律师。而至于其他律师和律师这个行业整体上应该怎样,即使有人生活无着,难以维持律师职业,他们也只是说这是当今自由竞争社会里的弱肉强食,是没有办法的事情。

律师队伍中,亦有人公开主张遵从市场规律,认为竞争是好事。具有这种倾向的律师如今成了最高法院的法官。所以最高法院的判决,有迎合政府、企业利益优先的倾向。

有人说,律师数量不足,应再增加一些,住所附近就有律师才方便。如此说来,邻居是医生岂不更方便吗?可是,如果这位医生是个庸医又该如何?

住所附近有一位好律师自然很好,但如果是居心不良之徒,则是不能依靠的。而且如果律师过多,相互之间为了生存都拼命竞争,报酬少的案子又赚不到钱,律师也就无暇去帮助弱势群体了。这反而造成穷人没有钱去咨询律师,只好忍气吞声作罢的局面。当然,将赚钱之事置之度外的律师也是有的,这些是闪耀着律师之魂的律师。遗憾的是,不赚钱的案子不接手、不去救助弱势群体的律师的出现是避免不了的。

我曾在名古屋举办的一次司法研讨会上,说了也许可以说是失言的话——"涉外的律师不是律师",引起了一些争论。

我在发言中说:"只坐在桌前签署契约书却不出庭,完全不做刑事案件的辩护。如果是'代理人'可以专门做民事案件,可是作为律师,顶着由出庭辩护而来的名称却只做着签署契约书或信件之类的事,躲避刑事案件拒不出庭,这能称之是律师吗!"

在竞选律师会会长时,人们还记得我的话,我被告知,"企业律师和涉外律师反对你也没办法,你说了那样的意见是绝对得不到这些人票的"。我听到这种意见有点心慌,就去拜访一些规模大些的律师事务所,午饭时也尽量出入于律师们用餐的食堂,向大家承认自己的发言有失礼之处,应该道歉。我痛感感情用事、跟着感觉发言是会带来挫折的。

我所向往的司法改革

律师自治是经历过战争的痛苦经验而产生的制度,但是现在,这一制度遇到了危险,日本律师联合会也正在朝着容忍国家干涉的方向迈进。

在我任律师会会长期间情况还好,不是自我夸耀,我那时一直为把律师会引领到正确的轨道上而努力。可是,会长的任期只有两年,连美国总统的任期都是4年,众议院议员的任期也是4年,参议员更长,是6年。

当时我想,如果要实行自己在竞选时许诺的律师会规划及司法改革,至少也需要4年时间,也曾想争取两期连任,但只任一期就下来了。制度上是允许再次参加竞选的,但是,一期结束后,想接任的人选已经做好布局,即使我力争连任,局面已经变化,恐怕也得不到众人的支持了,我感到会长一职不过是一个名誉职务而已。

等到下一任会长上任,原来已经开展的规划和改革也就终止了,一切又都回到原状。退一步说,律师会如果能保持原状就算不错,但它却在不断地改变方向。说起律师会的内情,实在令人遗憾。

我参加竞选日本律师联合会会长的目的,只是为了实现真正的司法改革。在参选两年前的1992年,我任东京第二律师会会长,兼日本律师联合会副会长。当时的会长是中坊公平先生,他提出了司法改革的主张,着眼点是改变民事和刑事审判制度中令人忧虑的现状,他认为只有尽快地实行改革才能解决问题。

是什么问题呢？一言以蔽之，就是民事审判的速度过于缓慢，审理得极其粗放，其结果就是判决无法令人满意，而且经常是强行进行和解劝告，以草草结案。这种局面主要是法官数量的不足造成的，这些弊端在民事审判中很普遍。

在刑事审判中，不是因为拖拖拉拉而使审判延迟，而是由于在对自供状、对证据能力的辨别等案卷调查不可缺少的环节上需要慎重审理，而且越是难的案件越是要慎重，自然也就延长了审理时间。就是说，审理证据的案卷调查是拉长审判的主要原因，可是，法院想从速判决，就不去充分地履行程序，审判按照法官的意愿进行，结果是凭着杜撰审理做出有罪判决，这样的倾向越来越明显。还有临时拘留、强制自供、人质审判、检察官掌握的证据不公开等，均是刑事审判出现问题的原因。

尤其是偏重自供的审理方式是刑事审判必须改革的问题。这个问题之所以出现，与法官数量不足有很大关系，与检察官不足也有一定关系。这种凭着职权去进行粗放审理的现状，应该给我们敲响警钟，我们提倡的就是扭转这些弊端的司法改革。

司法人员数量的不足，的确是产生上述问题的原因，法官、检察官、律师的总体数量不足，是普通市民对司法敬而远之的原因。司法本来就有远离一般人的社会生活，使人难以接近之感。所以，接近一般市民，接近生活，应该是司法改革的目的。

毋庸赘言，我完全赞同进行本来应当进行的司法改革的根本目的，我在担任副会长期间专管司法改革，付出了很大努力和智慧。为了将司法改革继续推进下去，两年后我参加了会长竞选，候选人中没有人像我那样的怀有志在进行司法改革的明确目的。我的信念是，律师会会长不是名誉职务，而是作为律师会的领头人去工作，争取达到司法改革的目的。就这样，怀着全力进行司法改革的信念，以一种不能败给其他候选人的心情我参加了竞选。

当时全国有 52 个律师分会，我一个一个无遗漏地走访了，直接向各地的律师们阐述自己的主张，回答律师们提出的问题。只有

第六章　为什么必须实行律师自治制度

富山县因为有积雪，从羽田机场起飞的航班被取消而未能成行，其他各县全走到了。北海道地区有4个律师分会，一次不能成行，便分4次从东京前往。长野县下有许多支部，因此去了两次。这样走访的结果，我以压倒性的票数当选了。

为了推进我在竞选演说中主张的司法改革，充分发挥副会长以及各都道府县律师分会各委员的作用，可以说我进行了相当程度的改革。遗憾的是，两年的任期太短，只是把改革线路图铺设完毕就结束了。在我任期的最后一次临时总会上，做出了增加司法人员的决议，将通过司法考试的人员名额增加到1000人，并且提出要考虑律师人数应与法官及检察官人数的相互匹配，根据实际状况逐步调整。

可是，我卸任后这些决议被忽视，不是考察实际状况、根据实际状况去适度增加通过司法考试的人数，而是认为人数增加得越多越好，这种认识成了主流。特别是司法制度改革审议会中民间人士的意见占了上风，压制了律师的意见，结果通过司法考试人数越增越多。

这样的结果是我没有预想到的。不去考虑与法官和检察官的比例，单纯增加律师的人数，造成律师之间竞争激烈，每个人都为生计和事务所的经营所迫，对收入不划算的人权问题案件就没有余力去受理了。这对于志在司法改革的人来说，实在是值得忧虑的事。

第七章
沉默是大罪

富有者的专制——能允许美国发动战争吗

2001年"9·11"事件发生之后，美国人说："这是战争。"可是，这个事件与战争的定义截然不搭边，不过是一个集团的"犯罪"而已，但美国总统却突然宣布"这是战争"。

对于美国的态度，日本首相如同鹦鹉学舌，紧随着宣言"是战争"，起誓"将全力协助美国"，甚至搬出"国际公约"作为依据。日本的首相作为公务员，应该遵守宪法的精神和规定，并着意实践之。我感觉他像是根本就不懂宪法似的对宪法全然无意识。也许在他们看来，在这种紧急时刻宪法可以置于一边，可以无视。

美国违反国际法中的战争定义，也没有把国际人道法放在眼里。美国对阿富汗、伊拉克的战争绝不是自卫战争。所谓自卫，应该是被对方攻击，为了保卫自己，对此进行最小规模的反击。可是，美国恼羞成怒，宣布"这是战争""美国遭受蹂躏，必须攻击他们！"其实，这根本不是什么自卫，自卫的概念里不包含这些内容，却被说成是"自卫战争"。

紧接着，美国强制日本进行所谓的"集体自卫权"活动，日

第七章 沉默是大罪

本政府则亦步亦趋地附和。美国所做的与国际法规、《联合国宪章》以及联合国总部决议等完全不相干，是国际法禁止的举动，美国却堂而皇之地施行开来。

恐怖活动发生后，为什么会发生恐怖活动，其原因和背景是什么，去追究这些问题是防止恐怖活动再次发生的唯一有效捷径，这样做是有说服力的，是正确的。但是美国却完全无视恐怖活动发生的背景，展开了有可能诱发下一次战争，甚至是引发第三次世界大战的最危险、最愚蠢的行动。

媒体也不负责任。现今的社会，已经对媒体没有任何束缚，而媒体却表现得与战争时期在军队、特高警察和宪兵监视下时一样，沉默、不发出声音。在今天保持沉默就是问题。如果沉默，执意走向战争的势力就会更加壮大，到最后恐怕连反战的声音也难以发出来了，所以，在今天，沉默是大罪！

与此同时，也有把恐怖活动正当化的论调，很多人拍手喝彩称快，认为"干得好"。事实上，恐怖活动给众多无辜市民带来灾难，所以对恐怖活动本身是不能将其正当化的，必须认定为犯罪行为。

同时，对富有阶层的专制、压迫以及偏执、自负与傲慢等，也不能视为正当，正是给贫穷国家带来恐怖与贫困的南北差异，是恐怖活动的原因所在。不追究恐怖活动的原因，不进行根绝其原因的斗争，空喊"扑灭恐怖活动"，美丽的辞藻排列再多也不能解决问题，相反却有引发世界战争的危险。

有人强调，日本人遭受过原子弹轰炸的痛苦。岂不知，日本在中国和朝鲜干了许多罪恶的勾当，对这些加害行为难道不应该反省道歉吗？

看问题是要讲究时间顺序的，首先是日本实施了长期的、巨大的加害行为，那么对加害行为负起责任之事不应在先吗。

然而，曾经有过的许许多多罪恶的历史却被美化，把侵略战争美化成"解放战争"，提出这样主张的人还当上了首相，赞美这些罪恶历史的历史教科书被文科省审定承认。要尽早改变政府的这种态度，只有通过司法手段才能成行。遗憾的是，今天的法院现状又使人难以期待，所以即使诉诸司法，法院审判也难以获胜。法院对过去的问题不予受理，不承认个人超越国家直接向对方国家索取损害赔偿的权利，这些已经陈腐的法理论调周而复始地在法庭被重谈。

现在，有许多日本人十分愤慨朝鲜绑架日本人之事，我也是一样，这是绝不能允许的事情。可是，在殖民统治时代，日本绑架了何止数百倍数千倍的朝鲜人，给他们本人及其家庭造成了极大的不幸。

从中国大陆和朝鲜半岛强掳来的中国人和朝鲜人，被押送到煤矿、铁矿、建筑工地及港口进行强制劳动。他们采掘战争需要的资源、生产军需产品、装卸船舶物资，在极其恶劣的劳动条件下被强制从事十分危险的作业。被强掳的人中，有农民、工人、商人和战俘，从少年到老年人都有。这的确就是绑架。

还有，战争时期遭受性奴隶迫害的女性，有的仅十三四岁左右。为了满足日本军人的性欲，她们或者是被骗，或者是无法抵抗地被抓捕，等待她们的是性奴隶的命运。这也是绑架。她们的亲人曾拼命地寻找自己女儿的下落，却一无所获。沦为性奴隶的女性如果想逃跑就会被残忍地杀害。

如今，日本人对绑架事件十分愤怒可以理解。可是，大批中国人和朝鲜人曾经被绑架，遭受了难以忍受的非人待遇，中国人和朝鲜人对这样的事情也非常愤怒。时间虽然已经过去半个多世纪，但这些愤怒和怨恨并没有减弱，今天他们还处在悲愤之中。他们当中有一些人的人生因此而毁灭，更多的人悲惨地死在异国。所以，在思考绑架问题时要加进去这样一些视角才能把握好。

但也还会有些人说，那时是战争状态啦，两者不能相比啦，"慰安妇"不是强制啦，等等，以试图逃脱战时日本人犯下的罪恶。要知道，逃是逃不掉的，罪恶是不被允许的。

第七章　沉默是大罪

为了构筑和平不能沉默

　　1950 年是日本战败后的第五个年头，朝鲜战争爆发，日本成立了警察预备队。警察预备队是由于占领日本的美军出击去了朝鲜，而依照美国的命令成立的。最初 7.5 万人，后编为保安队，之后又发展成今天的自卫队这样一支大军队。

　　自卫队现有 26 万人，国家预算为 5 兆日元，这些钱足够进行战后国家赔偿。战争受害者中，现在仍然在世的已经很少，他们及其遗属要求损害赔偿。他们总是在表示，他们所要求的是真挚的谢罪和作为诚意证明的赔偿，最重要的是日本的诚意。

　　日本军人进行的上一次战争是侵略战争，可战后至今国家一直对军人持续地支付着补贴，而且是负有战争责任的军官金额高，一般士兵低。居高位的军官一年可获得几百万日元的军人补贴，高级军官是指挥战争之人，真是对战争的贡献越大，得到的恩惠越多。

　　战后，对日本军人的补贴总额达 50 兆日元，仅拿出其中的 1/10，就足以支付对战争受害者的赔偿了。这样做对构筑亚洲的和平非常有益，可是时间已经过去这么多年，仍然没有付诸实施。

　　在军事预算方面，政府以各种理由增加军费预算，还准备购买美国的拦截导弹。并且制造了很多舆论，什么"朝鲜要打过来啦"，"导弹要发射过来啦"，等等。果真是这样的吗？如果是这样，朝鲜无疑是自选了一条灭亡的道路。

　　日本宣传朝鲜是"危险国家""恶劣国家"，鼓吹加强日美同盟，从美国购买拦截导弹，用陈腐幼稚的论调描述朝鲜。的确，那个国家的政权不太招人喜欢，但讨厌归讨厌。美国讨厌伊拉克政权就摧毁伊拉克，但是，我们是没有权利去摧毁的。

　　在作为国际法准则的《联合国宪章》中，第二条第四项明确禁止一个国家用武力摧毁另一个国家，美国违反了这一条。美国为了颠覆一个自己不喜欢的国家政权，不经过联合国就发动了战争。

追随美国的是日本,向美国奉献本国军队的也是日本。这就明显地违背了《宪法》第九十九条中,"所有公务员都负有维护宪法的义务"。首相作为公务员的最高层,无论国民中有多大的修改宪法的呼声,首相都必须站在维护宪法的立场上。可偏偏首相却率先要修改宪法。

《日本国宪法》是世界上值得夸耀的宪法,特别是《宪法》第九条第二项,有许多国家表示羡慕,值得在世界范围内推广。经历过广岛、长崎原子弹轰炸的日本,却自己提出来要修改《宪法》第九条第二项,真是令人遗憾,从中可以看出当今政府的愚钝程度。

本来应该站在批判愚钝政府立场的媒体,却成了附和政府的媒体,媒体如果在权力后面摇尾追随,岂不与太平洋战争时期一样。太平洋战争中,媒体照搬照转陆军及海军发布的消息,高声蛊惑民众走向战争。战争结束后,媒体发出誓言绝不再犯过去的错误,但到今天,明确展开批判的媒体几乎不复存在。

今天,可以大声疾呼反对战争,但日本的国民不发出声音,过于"安分"了。反对战争的声音薄弱,如果这样持续下去,进行战争准备的事态将继续发展。所以我想说:沉默是大罪。

如果在战争时期能大声疾呼反对战争就好了,为什么那时的有识之士没有发出反对战争的声音呢?那时有《治安维持法》,有特高警察和宪兵的监视,谁发出声音就要逮捕谁。但是今天,已经没有了这些法律,反对战争的声音依旧发不出来,这令人痛心。

如果我们继续保持沉默,有一天战争真的发生,我们的子孙一定会愤怒地指责我们为什么没有制止战争。

所以,我必须再重复一句:沉默是大罪。

有一条通向和平最近的路,而且是一条实实在在的笔直的永久之路、十分经济不需要什么成本的路,这是什么路呢?这就是,我们应坦率地回顾过去战争的错误,从心里为过去的罪行谢罪,乞求原谅,能否得到原谅,那将由对方决定,但我们必须诚心诚意地谢罪。

第七章　沉默是大罪

　　与我同龄的筱塚良雄，原是731细菌部队负责培养病菌的少年班成员，他曾目睹中国人在实验台上被活生生地解剖。在中国人细菌战受害者的集会上，在超过百人的众人面前，他一边流泪一边坦率地自述过去所干的事情。筱塚不是用金钱来清算过去的罪行，他在众人面前敢于暴露可耻的过去，道一声"对不起"，发自内心地表示了反省之意。

　　见到筱塚此举，在场的中国受害者及遗属都围了上来，纷纷与他握手。可见，怀有诚意地承认自己的罪行，乞求对方的饶恕，是可以得到中国受害者的宽恕的。所以，日本政府应该郑重其事地诚恳谢罪和给予赔偿。

　　一切事情都不能仅仅站在自己的角度，要尝试着站在对方的立场上思考问题。进行谢罪和给予表达诚意的赔偿，使对方认可我们的诚意，这样才能恢复信赖关系。如果一个一个市民之间相互握手，立下和平共存的誓言，那么战争是绝不会再起的。

第三部
我与战后赔偿的斗争

第八章
为了解决"慰安妇"问题

我在战争赔偿问题上的立场

经常有人问我,对战后赔偿问题是从什么时候开始着手的。实际上,我参与战后赔偿问题的时间并不长。但我从这一问题被提出后就十分关注和关心,公开或非公开地进行了许多协助性工作。自1994年当上日本律师联合会会长后,我开始正式参与这一问题。

1995年是日本战败投降50周年,作为律师联合会会长,我在该会主办的杂志《自由与正义》(1995年1月号)发表了新年致辞《迎接1995年》,结尾处写道:

今年是战后50周年,日本国民不应把这一年视同普通的年份漫然度过,应该重新审视50年来日本实现了什么,没有实现什么。以此为分界线迈向下一个50年,这也是迈向21世纪所必需的。

如果对战后处理问题,一如既往持流行语"暧昧"一词的态度并把它丢进"忘却炉"里,仍如此继续迈向下一个50年,那就很难说日本的历史错误不会重演。对"忘却"取而代之的态度应该是,再度发掘历史错误,对其进行再认识。如果不明确地表示作为国家应负的责任，则不能获得亚洲及世界各国人民对日本的发言权和参与世界问题能力的认可，日本难以获得在国际社会的威信，也难以做出正确的贡献。

不言而喻，日本律师联合会是强制律师加入的团体，会员们持有各种各样的思想和历史观。可是，之所以强制加入并实行律师自治制度，是为了实现其维护人权的使命。人权是通行于国际社会的普遍原理，如果与国际社会普遍认同的人权意识不尽一致，则日本律师联合会对国际人权团体没有发言权，也不能对代用监狱等现象要求人权救助。

我坚定不移地认为，作为世界最权威团体之一的国际法律家委员会（ICJ），在充分的学术研究和事实调查基础上提出的关于日本战后处理问题的报告书是绝对不容轻视的……

1995年8月，第四届世界妇女大会在北京召开，各国代表在会上提出了日军在战争中施行性暴力的受害问题。同年1月，日本律师联合会就"慰安妇"问题，向日本政府和联合国妇女地位委员会提交一份议案，主张通过立法手段解决受害者个人的国家赔偿问题。在北京的世界妇女大会上也提交了相同议案。在这次大会上，不仅"慰安妇"问题，包括日本在亚洲各地所犯下的各种罪行都被提上了日程，参会者就战后赔偿问题展开了广泛的讨论。会议中，我作为日本律师联合会的代表就"慰安妇"问题做了发言。出席大会的日本律师联合会代表团有女性律师四十几人，其他国家的代表团团长大都是女性，唯有日本团是我这个男性担任团长，不少与会者表示不可思议。

10月，在高知市召开的第38届日本律师联合会维护人权大会上，全场一致通过了《战后50年·和平与人权宣言》。

该《宣言》内容如下：

我国在过去的战争和殖民统治中，在亚洲及太平洋地区，

第八章 为了解决"慰安妇"问题

犯下了包括严重侵害人权的违反国际人道法的罪行，如杀害居民、进行人体实验、性虐待、强制"从军慰安妇"、强掳劳工、强制劳动、劫夺财产、抹杀文化等，制造出极大的惨祸，带来了牺牲。战后，我国政府决意不重蹈战争覆辙，制定了和平主义、尊重基本人权、以主权在民为原理的宪法。

可是，在50年间，我国在追究重大人权侵害行为的真相以及建立赔偿被害者的措施方面没有作为，在教育方面，也没有充分而正确地将战争及殖民地统治的真相告诉下一代。

我们要求，政府应该查明重大人权侵害行为之真相，迅速采取切实可行的赔偿受害者的措施，同时开展积极正确的教育，将战争和殖民统治的真相告诉下一代。

战后，我们以维护基本人权和社会正义为使命，基于宪法保障下的律师自治制度和《律师法》，已经致力于与和平和人权有关的问题，坚持不懈地调查研究战时的司法制度，并利用其成果为确立国民的司法而努力。

战后50年之际，我们再次发出誓言为维护基本人权和和平而竭尽全力。

以上为宣言。

1995年10月20日
日本律师联合会

为了实现北京世界妇女大会的提案和高知会议的宣言，同年11月，我又发表了《关于政府应对"从军慰安妇"问题的会长声明》，内容如下：

北京会议上，应包括日本律师联合会在内的多数NGO的要求，全场一致通过了包括147（f）的《行动纲领》。147（f）明确规定了对战争时期遭受性奴隶（Sexual Slavery）迫害的"从军慰安妇"予以赔偿等原则。可是，日本政府继续否认"从军慰安妇"应该包含在联合国通用的"性奴隶制"的用语之内，无视《行动纲领》，继续拒绝对"慰安妇"受害者个人予以国家赔偿。而此前，联合国在审议过程中，一直是使用"性奴隶制"来揭示"从军慰安妇"制度，这是十分明确的。（后略）

日本政府应当放弃歪曲联合国的主旨之行为，按照上述《行动纲领》以及联合国防止歧视及保护少数小组委员会（以下通称"联合国人权小委员会"）的决议（1995年8月，接受日本设置行政审查会之劝告，或承诺接受国际仲裁法院的劝告解决国家赔偿问题），对受害者予以国家赔偿。鉴于日本律师联合会的提案以及联合国决议，日本应尽早研究对受害者予以国家赔偿的可行的立法方案。

以此声明，我强烈要求制定由国家对"慰安妇"等受害者予以赔偿的可行性立法。尽管日本律师联合会宣言以及会长的声明已经是十几年前的事情了，但至今我仍认为，务必实现战后赔偿要求。

日本对亚洲的侵略战争，对朝鲜、中国台湾等地的殖民统治，这些责任问题全部被束之高阁，既没有了结，也没有赔偿。日本现在甚至还试图朝着下一次战争迈进，这种现象我们绝不能允许。

为了和平，最重要的第一步是对过去在亚洲所犯下的罪行予以谢罪。即加害国不仅要对受害国谢罪，而且要承认所犯事实，从心底谢罪，为了证明其真心实意，具体形式就是支付赔偿金。

如今的日本，无论国家财政还是企业，财源是充分的。而且并非一次性支付，完全可以效仿德国的方式逐步支付，德国能够做到的，为什么日本做不到？

在现在的国会里，有些女性议员发言称："日本遭受原子弹轰炸，许多人被强制押到西伯利亚做苦役。此外，日本的归国妇女和孩子在中国大陆遭到苏联军队的攻击时，也遭受了许多苦难。战争中日本也是受害方。为什么只让日本谢罪赔偿呢？"

这样的思考是把事情全部相对化了，用将一切都相对化的视角看问题，什么事情也不能做。还有人认为"古往今来战争都是一个样子"，这是一种抹杀主体的主张，是准许同样状况重复出现的逻辑，这是绝对不能允许的谬误。

向战争性暴力女性受害者谢罪和赔偿

政府和自民党于 2007 年 7 月，对美国国会下院就"慰安妇"问题做出的决议所做的反应是多余的。该决议要求日本政府应明确地谢罪并采取相应措施，韩国国会以及中国台湾立法部门早已采纳了同样的决议，所以美国国会下院的决议在国际上并不是第一次。对于遭受日军战争时期性暴力的受害女性，在世界范围内，早已响起"日本必须向战争时期的性奴隶赔偿"的呼声，联合国人权委员会、经济及社会理事会以及国际劳工组织（ILO）多次强烈呼吁和劝告日本政府予以解决。

不仅是受害者及受害国家，包括中立的国际组织也都认为"慰安妇"问题还没有得到解决。被拉去做日本军队性奴隶的妇女现都已是高龄，而且不断有人死去。所以，国际社会的呼声是："务必在婆婆们活着的时候雪除她们的冤恨，对她们予以谢罪和赔偿！"

然而，日本政府却佯作不知，厚着脸皮泰然处之。前首相安倍与前外相麻生散布"没有狭义性的强制"，"历史事实被误认了"，这完全是没有根据的浅薄的言论。早在 1993 年以前，荷兰与韩国等受害国家的政府及国际组织就开始各自对受害者进行了访问调查，确认了受害事实。

我本人也多次与受害者会面，聆听她们的倾诉。尤其是在中国和菲律宾的占领地区，在没有民间业者做中介的情况下，日军直接绑架、监禁和迫害女性，这样的事例很多。日本法院经过证据调查，也认定了强制的事实。日本律师联合会派出代表进行实地调查，提交调查报告，连续4次劝告首相，要求对受害者谢罪和赔偿。

有人指出这一问题至今没有得到解决、局面依然混乱的原因，是1993年政府发表的调查报告以及《河野官房长官讲话》，其中对问题的提法暧昧，我也持相同观点。之后，政府再没有做认真的调查，除韩国以外没有直接听取受害者的陈述，始终采取极为消极的应付态度。

即使是这种不充分的处理方式，还有人认为做过了，竟然鼓动撤回河野讲话。① 这是政府不作为的原因所致。政府应当反复进行调查和采访，彻底弄清"慰安妇"问题战时强制性的真相。

不展开彻底的事实调查，仅凭推断就没有说服力。历届首相虽表示过"道歉"，但首相和外相都没有直接与受害者会面。1993年以来，荷兰政府拿出了调查报告，印度尼西亚著名作家普拉姆迪亚·阿那达·多尔（音译）在30年前就发表过关于布鲁岛"慰安妇"的记录。可是，在国会答辩中，政治家都声称没有见过，同时却强调战时公文中没有发现"强制"的字样，依此推断没有强制的事实，这是不能自圆其说的。

战争时期，充当日军性奴隶、遭受性暴力的女性，或者是被欺骗，或者是被绑架，她们对日本国家提起了"慰安妇"诉讼，但在国策司法的主宰下一直败诉。打官司当然要争取胜诉，我认为，从日本的现状看，实行特别立法，制定赔偿的法律应该是最现实的解决办法。

战后50年的1995年，村山富市成立了亚洲妇女基金会。从1996年开始，向韩国、中国台湾、菲律宾等国家和地区的受害女性支付"补偿金"。此做法引起了受害女性方面的强烈反对和批

---

① 河野洋平讲话中，承认了对"慰安妇"的强制性，并表达了道歉之意，因此也遭到右翼势力的抨击。

第八章 为了解决"慰安妇"问题

评,很多人拒绝接受。

我与"慰安妇"受害女性接触的机会较多,其中给我印象最深的是韩国的李容洙,每次见面我总有内心遭到责难,但又增加了动力的感觉。李容洙生于1928年,1944年15岁时从娘家被带到台湾新竹海军慰安所,成为一名"慰安妇",日本战败后的1946年回到朝鲜。1992年,她公开了原"慰安妇"的身份,开始在各地讲述自己的遭遇,每周一参加日本驻首尔大使馆前的集会,精力十分充沛,在韩国很有名气。为了获得运动所需要的知识,她突然萌发学习法律之念,1996年获得特殊入学许可进入庆北大学学习法律,于1999年毕业后,2001年又开始了硕士研究生课程的学习。

李容洙是最强烈反对亚洲妇女基金会的受害者之一,她特别愤慨的是,该基金会对各国领取"补偿金"的受害者人数、名单等都不公开。她认为这是企图分裂或瓦解受害者群体,用不正大光明的做法来支付基金。对于怀有强于常人百倍正义感的她来说,这样的做法是不能允许的。我尽管不是日本政府和国民基金的代理人,也曾受到她的谴责和代为解释的请求。

问题在于日本政府和基金一方没有明确地谢罪和以国家责任进行赔偿。对这一问题,日本国民也有责任。亚洲妇女基金会究竟是为了谁而设的呢?是为了什么目的而设的呢?我曾经直接与基金会理事长村山富市先生会晤过,但听到的都是辩解,令人不得要领。我不得不对其本意究竟是不是为了解决问题而产生怀疑。不明确地进行谢罪和赔偿,对关键问题以暧昧态度处置之,这是造成事态向相反方向转化的根本原因。

1996年2月,联合国人权委员会"关于对女性暴力原因及其后果特别报告者"拉迪卡·库玛拉斯瓦米(音译)的报告书在日内瓦发表。该报告书批判了日本政府对待"慰安妇"的态度,强烈劝告日本进行谢罪和赔偿、进行历史教育和处罚等。日本律师联合会立即表示赞成,并再次发表了利用亚洲妇女基金会不可能解决受害女性问题的会长声明。就"慰安妇"问题,国际社会一直正面批评日本政府,指责日本对解决问题的态度不积极、不充分,强烈要求解决受害女性的谢罪和赔偿问题。同年初,ILO 专家委员会也在年度报告书中提及日本的"慰安妇"问题,此后的各年度报告也都要求日本诚恳地解决该问题。

1996 年 12 月,日本成立"要求立法解决慰安妇问题会",我被推举为会长,在东京召开了有韩国、中国台湾、菲律宾等国家和地区的立法机构成员及运动家参加的国际会议。会议期间,韩国政府宣布对拒绝接受亚洲妇女基金会的受害女性每人赠送 300 万日元。此前一年,中国台湾也通过民间募捐赠送每名受害女性 200 万日元。这样一来,日本政府陷入了自己的政策明确遭到受害国家和地区拒绝的前所未闻的尴尬局面。

在一系列"慰安妇"诉讼中,1998 年 4 月山口地方法院下关支部做出了第一起判决。该判决明确认定韩国原"慰安妇"的受害事实,并且指出,在河野官房长官表态承认"强制"事实,表示"道歉和反省"之后,国会本应该迅速制定赔偿法律,但政府和国会怠于立法,对此是应负有责任的,因其立法不作为而责令做出赔偿。此判决是划时代之举。

同年 9 月,我与茨城大学名誉教授荒井信一、热心于"慰安妇"问题的基督教徒已故卡特·爱子等人一起,组成了"为战后处理谋求立法之法律家·知识人会",展开了促进立法的市民运动。

为了持久和平应制定《查明真相法》

战争时期产生的大量作战资料、历史资料,以及实战的原始资料等,虽然战败时被烧毁不少,但仍有大批的文书存放在各省厅仓库,未经整理尘封于那里。

问题在于这些资料绝对不会被公开,如果公开就会暴露历史的丑陋。但令人担忧的是，它们有可能不知什么时候会被偷偷焚毁。所以，应该在国会图书馆里设持久和平调查局，对收集到的资料进行精查，同时，各官厅保存的资料也能做到随时可以查阅，为此建立有强制力的组织。这就是为了持久和平的《查明真相法》。

我作为前述"法律家·知识人会"的代表，也投入了《查明真相法》的立法运动。

为了解决"慰安妇"问题，我曾同表示支持和理解的国会议员一起，多次提出解决"慰安妇"问题的促进法案，议员的立法案也多次提交国会日程，但都被否决。就当今国会的状况而言，这样的结果也是可以想象的。从当今国会的势力关系看，即使参议院通过，也会被众议院否决。所以，直到今天，这些议案或被否决，或在继续审理中。但是，一旦被否决，下一个议案就很难再提出。当前参议院正要审议其中一个议案。

"慰安妇"问题是"法律家·知识人会"立法活动最先着手的。如果成功，以此为突破口，其他诸如南京大屠杀、强掳劳工、细菌战等问题，都将得到进一步的解决。

自1997年至今，中国台湾地区立法部门以及韩国、菲律宾等的国会相继就有关"慰安妇"问题做出了决议。所幸的是，国际上也不断出现新的动向。2007年夏，日本一直依赖的同盟国美国，也就"慰安妇"问题做出了决议，要求日本政府必须切实地负起责任。这一决议确实给了日本极大的打击。紧接着，加拿大、荷兰、欧盟（EU）以及世界许多其他国家的议会纷纷对日本做出了谴责的决议。

在这种情况下，日本还能将这种厚颜无耻的态度摆到何时？这种态度简直就是日本的耻辱。日本号称经济大国，又拼命想挤进联合国常任理事国。可是，亚洲其他国家和地区的所有民众都坚决反对日本成为常任理事国。如果日本不承担战争责任，拒绝赔偿和谢罪，要想成为联合国常任理事国，是没有自知之明的事。

"一·九会"是我大学时代的同学会组织，在一次集会上听到堤清二（辻井乔）的讲演，他说："有人说，日本在联合国里出钱最多，却当不上常任理事国。难道常任理事国是用钱买来的吗？用钱能够买到的思想在世界上行不通，总是厚着脸皮说这些，作为日本应该感到耻辱。"堤清君是财界的进步人士，至今没有丢弃学生时代纯真、有朝气的风格。

如今，日本的战争责任问题，一直处在国际社会的关注之下，但外务省对国内封锁不宣。媒体对来自国际的批评也几乎不予刊载，日本的媒体本身也真是令人匪夷所思。

每当政权交替，媒体也许会刊载一些有关内容。如果媒体报道了，就会有更多的人来关心战争责任和战后赔偿问题。于是，自民党内部也会发出一些声音："有这么多人在关心，自民党如果还要唱反调的话，自民党的国民评价就要变坏，不能再唱反调了。"

在美国，国会下议院日裔议员麦克·本田（音译）首先站出来，于2007年敦促国会做出了决议。日本政府对美国以外的国家和地区，如韩国、菲律宾以及中国台湾的决议均视而不见，但对美国的动向却十分敏感，美国国会做出决议后，日本做出了相当大的举措。前首相安倍在访问美国时表示了歉意，可是他道歉的对象是美国总统布什，以为如此应付一番就算了事。须知，他选择的道歉对象是错误的，真正的道歉对象应该是受害女性。

连日本的盟友美国国会都做出了决议，日本政府的最为恶劣的丑恶嘴脸暴露在了批评的声浪中。但是，日本的政府、国会、最高法院对此依然视而不见、充耳不闻。对这些批评意见，不仅日本政府，我们所有日本人都应该认认真真地做出回应。

福田首相在任官房长官时曾提议："应设立关于战争赔偿问题的内阁直属窗口。"当时他为何提出这样的建议？今天是不是忘记了？也就不了了之了。即使设立窗口，也不可能马上解决问题，但总比什么都不做要好。美国国会下议院做出决议后，日本有人担心这会影响日美同盟关系。其实，将自己的战争责任问题束之高阁，企图掩饰决议的指责，日本这样的丑陋态度才更有损于信赖关系。

第八章　为了解决"慰安妇"问题

决议提案人麦克·本田议员强调，日本必须反省自己的责任，与受害者和解，才能真正带来亚洲的安定。亚洲妇女基金会被视为国家逃脱责任的举措，受到受害国及受害者的否定，所以最终解散了，这是必然的结果。日本政府如果不认真地通过谢罪和赔偿来解决"慰安妇"问题，日本在国际社会上就要陷于孤立，免不了遭到愈来愈严厉的批评。

第九章
731 部队细菌战审判

担任细菌战诉讼律师团团长

1. 崇山村村民的联名诉状

1997 年 4 月,我加入 731 部队细菌战诉讼原告律师团,并担任团长。

参加律师团是缘于一濑敬一郎律师和鬼束忠则律师来我的事务所拜访,谈及中国细菌战受害者希望在日本展开诉讼活动,有关诉讼的准备工作正在进行并即将提出,希望我能作为原告律师团的一员参加进来。

此前,我读过森村诚一写的相关书籍,对 731 部队也有过一些思考,深感这是一个十分严重的问题。在与两名律师的谈话中,打动我的是,1994 年 10 月,浙江省崇山村数百名村民向日本驻北京大使馆提出了联名诉状。在诉状中,崇山村日军细菌战受害村民就其受害要求日本政府予以赔偿和谢罪。而日本大使馆、外务省以及内阁却丝毫没有反应,完全无视受害村民的感情。1995 年 7 月下旬,为调查细菌战受害而访问崇山村的日本市民团体得知此事,于 8 月在哈尔滨召开的 "731 细菌部队国际学术讨论会" 上介绍了上述事实。参加此次会议的一濑敬一郎律师听到此事后就想为崇山村的受害村民做点什么。

同年 12 月，日本市民团体与一濑、鬼束及西村正治三名律师一同再访崇山村，听取了细菌战受害者的受害事实，对日本政府无视村民的联名诉状，以及要求损害赔偿等问题，进行了深入的交流。

之后，至诉状提出约一年半时间内，森正孝、松井英介等日本市民团体以及律师先后 9 次访问中国，到受害现场展开调查，听取受害者证言，并同中国的学者、律师共同交换意见。在此过程中他们了解到在日军的同一次作战中，在一定地区出现受害者后，病毒开始流传和感染的细菌战特征。因此，细菌战的受害者不是只有崇山村的受害者，而应该包括日军作战的浙江省以及湖南省各地的受害者。因为崇山村的鼠疫流行是从衢州传播过来的，直接遭受细菌战攻击的衢州受害者也应加入诉讼行列。这样，浙江省的崇山村、衢州、义乌县城（市区街道）、宁波、江山以及湖南省常德的受害者一并参加诉讼，各地的被害者结成了庞大的原告团。同时，日本方面不仅组建了辩护律师团，还成立了声援诉讼的市民团体。

在我得此消息时，诉状尚未正式提出，诉讼正处于紧张的准备阶段。我了解到崇山村民细菌战受害者联名起诉的情况，以及中国细菌战受害者向日本政府提起诉讼的决心，当然不能置之不理，因此决定参加律师团，并担任了团长。此后，到 2007 年 5 月最高法院判决驳回上诉为止，我与 180 名原告、支持该诉讼的律师团，以及中日两国的声援人士一起，进行了诉讼活动。

2. 731 部队与细菌战

1931 年 9 月 18 日，日本挑起柳条湖事件（中国称"九一八事变"），之后对中国东北全境进行了军事占领。1932 年 3 月，日本扶植溥仪为皇帝，[①] 成立了"满洲国"，这一傀儡政权实际上完全由关东军控制。

---

① 溥仪当时的身份是"满洲国"的"执政"，1934 年 3 月宣布实行"帝制"。

在东北哈尔滨郊外的平房，日军圈占了大片土地，建立起进行人体实验的特别实验场，这支从事特殊实验和作战的部队被称作731部队，由军医石井四郎任部队长，俗称石井部队（或加茂部队）。

在此，他们对抓获的抗日分子或间谍嫌疑者，声称反正是要处以死刑，就把他们当作活体实验材料或观察材料，进行了人体实验，有三千余人就这样被杀害了。

其中的实验研究之一，是通过培养鼠疫菌制造细菌武器。首先给老鼠注射鼠疫菌使之感染鼠疫，再用感染鼠疫的老鼠培植跳蚤，这样，跳蚤也感染上鼠疫，跳蚤附在人体吸食血液后，人就感染上鼠疫。就这样，利用连锁感染的原理，使用鼠疫菌制造细菌武器。在731部队，他们利用感染鼠疫的跳蚤叮咬中国人，然后观察以跳蚤为媒介感染鼠疫之人的变化情况。鼠疫又称黑死病，感染严重的第一天身体就会变黑而死去，一般3天左右亡命。感染者死亡之前极其痛苦，对其痛苦状态731部队也做了记录。731部队大量培育鼠疫菌，反复进行人体实验，最后得出了可以实施细菌战的结论。

另外，731部队还进行了通过冻伤致人死亡需要多长时间的实验。他们仅将实验对象的一只手暴露在0℃以下，观察经过多长时间肤色会渐渐发生变化，经过多长时间会出现坏死状态，多长时间之内可以医治，超过多长时间则不能再医治等。还有观察人如果多少天不饮水就会死亡，只饮水不给食物可以承受多长时间，等等。上述实验都是利用活人进行的。

731部队为了将细菌用于战争，制造出了细菌武器。1939年8月的第二次诺门坎战斗中，日军在进攻外蒙（后独立为蒙古人民共和国）时被苏军打得大败，731部队首次利用伤寒菌进行了细菌战的实战。此后，731部队开始大量收集和繁殖老鼠，再以老鼠为媒介大量培育感染鼠疫的跳蚤，然后将感染鼠疫的跳蚤混在谷物中，再装进陶制容器，这种装有感染鼠疫跳蚤的容器就是细菌武器。

第九章　731部队细菌战审判

从1940年10月到1942年10月，在日本陆军中央部实施细菌战的命令下，731部队在浙江省和湖南省实施了大规模的细菌战。

日军利用飞机，向生活在城市和乡村的居民播撒了大量感染鼠疫的跳蚤，被跳蚤叮咬的人或老鼠随即感染鼠疫，紧接着，感染鼠疫的人或老鼠又传染其他人或老鼠，形成第二感染源。随着传播感染的范围不断扩大，大量居民感染鼠疫。当地的居民，却不知道是因为什么突然患上重病。虽然有人目击日本飞机丢下了一些东西，却不知道抛洒下来的竟是感染鼠疫菌的跳蚤。鼠疫的大面积流行，最终证实是由日军实施细菌战引起。此外，使用霍乱菌时，将病菌直接投到水井里，或黏附在馒头上、注射在水果里等。日军通过这样的细菌战杀害了上万名普通居民。

3. 细菌战诉讼

731部队细菌战诉讼原告团是由浙江省的宁波、江山、衢州、崇山村、义乌及湖南省常德市的市区、石公桥镇、桃源县的180名受害者组成。1997年8月9日，他们以日本国为被告，向东京地方法院提起了要求谢罪和赔偿的诉讼。诉讼过程中，原告团的王锦悌、王晋华、何英珍、何祺绥以及研究人员黄可泰、叶开荣来日。

731部队细菌战受害者国家赔偿诉讼，要求日本国"承认731部队从事细菌战的事实，进行反省和谢罪，并对受害者予以赔偿"。诉讼提出后，我与原告一起会见了记者。我在发言中表示："日本政府只有对非人道的过去谢罪，弥补受害，才能博得信任。"

第一次口头辩论于1998年2月16日举行。原告团和辩护律师团在诉讼开始之际，确立了如下目标。

第一，通过胜诉慰藉受害者在天之灵，抚慰幸存者的无望，恢复被夺走的尊严。并通过日本政府的反省、真诚的谢罪及对个人的赔偿，恢复中国及其他亚洲国家对日本的信任，构筑真正的和解、友好和持久和平。

第二，在公开法庭上揭示真实的历史事实，通过旁听者和媒体的内外宣传，纠正错误的历史认识。不允许政府否认、歪曲或掩盖权威司法机关通过充分调查认定的细菌战的事实。这本身也可以看作是一种成果。

　　日本政府一直掩盖日军细菌战的事实，而且至今仍不承认。作为被告的日本政府，在审判中对细菌战的事实一直保持沉默、不置可否。因此，实证性地证明细菌战加害与受害的关系，就成为法庭辩论的重大课题。在此基础上，还必须批驳被告日本政府的百般推脱之法律理论。

　　关于细菌战的历史学研究的进展，国会上对政府的追究，都极大地推进了细菌战诉讼的进行。特别是第三次家永教科书审判，是在细菌战诉讼提出之后，于1997年8月29日最高法院第三小法庭改判一审、二审判决，首次承认731部队人体实验的事实，做出删除教科书中关于731部队的记述是违法的判决，文中指出，"731部队的全貌尽管仍有不明之处，但在关东军中，以从事细菌战为目的的731部队是存在的。通过人体实验杀害了大量中国人的大致情况，在本案审理时学术界几乎没有人否定，已成定说"。

　　可是，在细菌战审判的全过程中，被告日本政府的答辩书以及后来的准备书中，始终摆出由于原告的要求缺乏法律根据，没有承认或否认事实的必要性。就是说，对731部队的存在以及细菌战的事实既不肯定，也不否定，从这一姿态本身可以看出日本政府不诚实的态度。

细菌战受害者的受害口述与取证调查

1. 与浙江省细菌战受害者的交流

　　起诉后，1997年11月16～24日，我与一濑律师一同访问了浙江省宁波、江山、衢州、崇山村、义乌等细菌战受害地。此行的目的是在正式开庭前，通过听取原告受害者的陈述，更准确地把握其受害的实际状况，并与有关人士就如何开展诉讼交换意见。9天的旅程中，在原告团团长王选的陪同下，我们用了不少时间去受害地的村镇、街区考察,在现场听取了受害者的陈述。

再次审读我的笔记,我认为这确实是一次十分艰苦的旅行,同时也是一次十分充实的旅行。以下是笔记中记载的各地考察情况。

宁波

11月17日早8时半开始,以旅馆为会场听取了受害者的陈述。5名宁波原告与其他受害者总计15人聚集在一起,这是我第一次直接听取细菌战受害者的陈述。尽管受害者的个人情况有所不同,但得以详细地了解了各自的受害具体状况。其中,有一名受害者还带来一份"乙部隔离医院出院证明书"。

宁波防疫专家黄可泰医生参加了本次调查。黄先生在宁波市防疫所工作,为防止鼠疫,在从事老鼠解剖等研究的同时,长期以来一直持续地对1940年宁波细菌战进行调查,得到受害者的信任。

据黄先生介绍,1940年10月下旬,日军飞机飞到宁波上空,在城市中心的开明街一带投下大量内中混有感染鼠疫菌跳蚤的麦粒。10月29日,在日军飞机投下跳蚤的地区出现了鼠疫患者。防疫部门在展开治疗的同时也展开了防疫活动,诸如封锁感染区、消毒、焚烧房屋等。经过一番治疗和防疫,到12月初出现最后一名患者后,鼠疫基本平息。因此次鼠疫流行而死亡留有姓名的达109人。

下午,在原告钱贵法(70岁)、何祺绥(68岁)以及黄先生的陪同下,前往开明街受害现场。开明街是宁波繁华闹市,街上人来人往,在道路交叉口附近立有一座细菌战受害地石碑,这里是被烧毁的鼠疫流行区的住宅及隔离医院的现场。还考察了钱贵法等人患病后被移送到的董孝子庙的现场。

江山

11月20日上午,听取约10名江山原告及受害者的陈述。

后在原告薛培泽带领下考察了七里村受害现场。

1942年6月11日,日军在浙赣作战中占领了江山城。虽在两个月后撤出,但在撤退时实施了霍乱菌的细菌战。方法主要是将霍乱菌直接投放到井里,或黏附在食物上(饼状食物),或注射在水果里。江山的一些居民因吃了这样的食物或饮用了井水,患上霍乱而死去。日军在七里桥丢下一筐面饼,吃了饼的居民,包括薛培泽的3个亲戚在内,共计37人因霍乱而死亡。

衢州

在衢州访问了杨大方(65岁)、程秀芝(71岁)等原告,考察了柴家巷受害地,听取了居民的受害情况。

1940年10月4日上午,日本飞机飞到衢州上空,从空中丢下小麦、大豆、小米、麦麸、碎布、棉花等物,其中混有感染鼠疫的跳蚤。当天下午,县长指示居民将日军飞机的丢弃物收集起来焚烧掉。10月10日以后,在日军投放物降落的区域开始出现病死者,同时还发现一些病死的老鼠,当时尚未确认是鼠疫。直到11月12日才确认是鼠疫。此后,衢州开始出现鼠疫传染的连锁反应。即感染鼠疫的跳蚤叮咬老鼠后,老鼠患上鼠疫,又感染身上的跳蚤,跳蚤再叮咬人,导致鼠疫流行。截至1940年末,据地方政府的统计,鼠疫死亡者为24人。其实,有些患者家属因担心被送隔离室就将患者藏匿,有些担心被传染而逃亡到外地,这就造成传染区域的扩大,实际上鼠疫患者有1500多人。

居民程秀芝当时18岁的姐姐因患鼠疫死去。事情发生在12月5日深夜,程秀芝听到姐姐喊头痛而醒来,见姐姐脸通红正在发高烧,天亮后急忙去找医生就诊,这时姐姐的腋下淋巴已经肿胀起来,被诊断是感染了鼠疫。随后,姐姐被送到药王庙的隔离室,她不停地痛苦呼叫,最后意识不清,第二天凌晨4时死去。从发病到死亡仅仅29个小时。尸体用席子卷起运走，家属没有被告知运到什么地方去了。因为姐姐是患鼠疫死的，程家400多平方米的住宅及店铺，还有100石左右的粮食被防疫部门扣押后烧毁了。全家没有了生活着落，只好搬到位于石室乡石埠村的乡下。

11月21日早8时，去范姣姣（78岁）家拜访，听取受害经历陈述。1941年4月，衢州因日军的细菌战流行鼠疫，范婆婆的父母及弟弟3人以各3天左右的间隔相继死去，范婆婆本人也曾染上鼠疫，发高烧、淋巴肿胀。随后参观了附近的孔子庙。

崇山村

11月22日早8时前往义乌市郊外的崇山村，在佛教寺庙林山寺与包括原告在内的百余名受害者见面。崇山村分为上崇山村和下崇山村，由原告王锦悌（62岁）、王培根（浙江省受害调查委员会成员）做向导巡视了全村，一路上还有孩子们伴随。村子里建造的住宅是密集排列的旧式建筑，村庄的周围是田地，一派纯粹的乡村景色，让人意想不到的是，连这样的乡村都残存着细菌战受害的痕迹。

1942年10月，上崇山村首先流行鼠疫，死者接连出现。到12月上旬，尽管上崇山村的疫病基本得到控制，但下崇山村又有死者出现。疫情于1943年1月结束，因鼠疫而死亡者达396人，相当于当时全村人口的1/3左右。

原告王锦悌一家，伯父、伯母全家4口以及弟弟、叔父王焕禄总计6人于1942年11月患上鼠疫，头痛高烧、淋巴肿大、嘴唇干裂，之后相继死去。

11月初，日军医疗队进村，以为患者注射疫苗、治疗疾病的名义，把村民骗到距离村庄1公里左右的林山寺进行人体实验，甚至掘墓挖出尸体，砍下手足，取出内脏。11月18日早，日军包围了崇山村焚烧房屋，大火燃烧了一昼夜，176 户人家的房屋被焚之一尽。

当日晚，在旅馆房间里接受了义乌电视台的采访。记者问道："日本律师为什么参与中国人细菌战受害赔偿诉讼？"我回答说："战争中日军使用细菌武器的残忍手段，作为日本人是极大的耻辱，必须诚恳地向淳朴的中国受害者道歉，日本律师更不能无动于衷。可是，代表日本的日本政府竟然不知羞耻，甚至连向受害者道歉的话都不讲，被世界耻笑。不能允许这种状况继续下去。"我坦率地讲出了自己的心情，与其说是对中国受害者的同情，不如说是为了日本人而决意参加诉讼活动。后来，为采访做翻译的王选告诉我，记者对我的话很有共鸣。

义乌

11 月 23 日早 8 时，在义乌城北门与受害者会面，视察受害现场。上午 10 时在旅馆与 20 余名原告会面，听取陈知法（65 岁）、张曙（60 岁）等原告的受害陈述。午饭由原告张彩和（65 岁）在其家中招待。

1941 年 9 月，一名铁路工人在衢州感染鼠疫，回到义乌老家后发病。随之义乌开始流行鼠疫。当时，人们对鼠疫一无所知，所以鼠疫很快从义乌向周边农村扩散。仅义乌城内因鼠疫死亡者就达 309 人。

陈知法一家 8 口人，1941 年 12 月，父亲与哥哥染上鼠疫死去。失去生活着落的母亲只好把另一个哥哥和姐姐送出去，自己带着还年幼的陈知法和妹妹度日，由于家庭贫困，陈知法和妹妹都没能上学。

原告张曙一家住在义乌城北门附近，1941 年 12 月 26 日，60 岁的祖母患上鼠疫，头痛高烧，腹股沟肿大，服药后也高烧不退。12 月 31 日，病情恶化，在床上痛苦折腾，母亲在无望中眼睁睁地看着祖母在痛苦中死去。当天夜里，叔叔把祖母遗体放进棺材,悄悄拉到东门山里掩埋。如果被政府察觉的话,就得火化,所以连葬礼都没能举办,一家人非常痛苦。

2. 原告法庭陈述

1998年2月16日,我迎来法庭的第一次公判。

首先,我做了如下发言:

　　此次审判的意义在于,作为三权之一的法院,责任是以公权力明确细菌战的加害事实和受害事实。可是,作为被告的日本国家提出的答辩书中回避对事实承认与否,明确地摆出拒绝承认事实、回避一切责任的态度,这是不能被当前的国际社会所接受的。

　　目前,日本司法优先考虑国家利益而置人权于其后的倾向受到批判。事实上,日本只有反省过去,承认曾犯下的反人道的罪行,明确历史问题的责任,向受害者谢罪,才能构筑与邻国及亚洲和世界各国的信任关系。我强烈希望,本法庭诚实地遵守国际法的各项准则,从追溯数十年前的本案及其真相入手,恢复受害者作为人的尊严。

法庭审理过程中,原告一方最重视的是,法庭上的原告意见陈述及受害事实的证言。最希望的是,法官能够直接听到原告的声音,能够真切体会到细菌战受害的悲惨状况。截至第二次诉讼,24名原告在法庭上陈述了意见。另有陈知法(义乌)、周洪根(塔下洲)、丁德望(常德市)、易孝信(常德市)、吴世根(衢州市)、何祺绥(宁波市)、周道信(江山市)7人分别代表各个地区,出具了细菌战受害事实的证词。

第一次庭审时,宁波原告胡贤忠做了如下发言:

> 1940年10月下旬的一天，日军731部队的飞机于宁波上空低空盘旋，在市区中心地带的开明街投下混杂在麦粒、玉米粒里的感染鼠疫菌的跳蚤。当时我8岁，家住开明街70号，家里经营名为"胡元兴"的麻将馆，我与附近的人都看到，日军飞机洒下像雾一样的物体，布满天空，落到地上后发现是麦粒之类的东西。
>
> 我的父母和一个姐姐、一个弟弟因感染鼠疫，4人都死去了。从此之后我成了孤儿，不知该如何生活下去，只有流不尽的泪水。成为孤儿的悲惨体验是无法用语言表述的，我从心里憎恨作弄我终身命运的细菌战。

当天，原告王选与王丽君也做了意见陈述。

5月25日，第二次庭审，衢州的杨大方做了如下陈述：

> 衢州历史上从来没有发生过鼠疫。1940年11～12月，由于日军的细菌战，衢州发生了鼠疫，而且，衢州的鼠疫没有立即平息。政府采取了隔离及焚烧住宅等防疫政策，居民对此感到恐惧，所以有的隐瞒病情，有的把病人或尸体转移到城外的农村。因此，1941年鼠疫从县城向周边地区大范围地扩散。由于日军的细菌战，若干年后衢州仍有鼠疫流行。
>
> 据资料记载，1941年，衢州城里有281人患上鼠疫，其中有274人死亡，再加上衢州周边的农村地区，1941年全年因鼠疫死亡者至少1200人。1941年3月，我的父亲杨惠风感染鼠疫死去，是日本军队杀害了我的父亲。

此外，原告金祖池（义乌市）、薛培泽（江山市）也在这次庭审中做了陈述。

7月13日，常德市石公桥镇的黄岳峰在第三次庭审中做了如下陈述：

1942年，我年近20，身体强壮，去朋友家帮助安置死者，在抬尸体时有些人不愿上前，我身体壮，不怕传染，就上前帮忙。第二天，感到自己身体不适，腹股沟发红，身体发冷，接着又发高烧。家人立刻去防疫队请鲍里茨（音译）医生治疗，经医生诊断说我患上了鼠疫，便给我注射、吃药，并安排我在隔离病房住院数日。鲍里茨医生说："幸亏你来得早及时治疗，如果晚一天就治不了啦！"由于治疗及时，我有幸捡了一条命。

这一天，还有原告方运胜（常德市区）、李安谷（常德市桃源县）做了意见陈述。

3. 与湖南细菌战受害者的交流

第一次庭审后的1998年3月1~5日，我与一濑、鬼束、西村律师一起去常德市考察，在王选女士的陪同下考察了常德市区、石公桥镇和桃源县。路程是从日本成田机场出发先飞到上海，中转飞长沙，再从长沙乘汽车去常德，整整花了一天的时间。

3月2日早9时，我们在常德旅馆与原告何英珍（63岁）、方运胜（53岁）、黄岳峰（74岁）等以及调查委员会成员、中方律师会晤。日本律师团向大家报告了第一次法庭辩论的内容、向首相的申诉、今后的主张、举证等诉讼情况以及法律上的问题等。中方调查委员会在发言中指出："对日本政府的反应感到愤慨，对支持诉讼的日本律师团表示感谢。尽管诉讼艰难，中日人民共同携起手来，必将能明确事实真相。今后，调查委员会将更加努力。"

下午，鬼束、西村律师继续在旅馆听取3名受害者证词，我参观了常德市区，并与中方律师围绕时效期及适用的国际法等问题交换了意见。经与常德调查委员会商量，决定第三次庭审时，由方运胜、黄岳峰、李安谷分别代表常德市区、石公桥和桃源3个地区出庭陈述。

3月3日上午赴石公桥现场调查，并与当地6名原告会晤交谈。下午，去桃源县做现场调查，并与5名原告交谈。晚上，出席由原告何英珍招待的晚宴。

3月4日上午，在常德酒店与常德调查委员会成员会谈，决定由常德外事办公室翻译罗建中担任今后与常德的联络窗口，3月末之前提出3名原告的意见陈述书，调查委员会继续调查细菌战的具体死亡人数3项事宜。

原告何英珍一家住在常德市区，是有18口人的大家庭。1941年11月，有6人死于鼠疫。最先死去的是她的嫂子，两天前就发现身体不适，死的那天早上一会儿发冷一会高烧，但还挺着操持家务，当正要上厕所时突然倒在了地上。此后，发高烧，呼吸困难，脖子和淋巴肿大，脸色变紫，身上也出现紫色斑点，最后断了气。嫂子死后，家里害怕被火葬，悄悄把尸体运到外面埋葬。嫂子死后的第三天早饭后，二姐夫想把辣椒挂到吊楼上晾干时，倒在楼梯前，和嫂子的病症相似，当天夜里就死去了。

连续两个人死去，想瞒也瞒不住，不久，邻居们都知道"何家3天内死了两个人"，何家附近的路上一下子断了人影，全家被这种沉重的压力包围着。

常德城里，白天焚烧尸体的浓烟弥漫，隔离病院挤满了病号，全城被异常紧张的气氛笼罩。为了防止鼠疫传播，东南西北四个城门都被关闭，出入之人必须注射疫苗。何英珍的父亲和哥哥因注射了疫苗没被染上，弟弟和嫂子的二女儿因为没有注射疫苗，都感染鼠疫死去了。父亲于是写信把家里的不幸告诉远在江西的伯父和叔父，两个人都赶了回来，不料几天后，二人也患上同样的病相继离世。

在当年的受害现场，鼠疫泛滥，在病魔的威胁下人们进行殊死挣扎，那些凄惨死去的场面似乎浮现在眼前。城镇和乡村的民众无论如何也没有想到，突然有一天会成为鼠疫或霍乱细菌战的牺牲品。

不仅是战争受害者，许多中国普通民众也对日本没有好印象，这是可以想象的。可是，当我们来到受害现场考察，却得到中国人的感谢。我们的目的，是站在受害者的立场上，追究日本的战争责任，促进战后赔偿，这是我们应当做的，却获得了感谢。人们对从加害国来的日本律师，能够站在与他们相同的立场上，从心里表示由衷的感谢，他们热烈地欢迎我们，丝毫没有厌恶的意思，这反倒使我们感到更加不安，向他们道歉的心情更加浓厚。

中国人记着过去的仇恨，但又真切地洋溢着善意，对我们这些站在受害者立场上的日本人，表示充分的理解，他们是一些善良正直的人。这些人的亲人，悲惨地成为日军细菌战的牺牲品，每当想起他们的父母、兄弟、亲人是如何凄惨地被日军杀害，作为日本人我感到非常抱歉，由衷地想向他们表示歉意。

3月4日下午，我们离开常德经由长沙前往上海。3月5日上午，在上海一家旅馆召开了记者见面会。《文汇报》《解放日报》《常德日报》以及浙江教育电视台的记者出席，我们能够感到中国国内非常关注日军细菌战受害赔偿诉讼，记者们直率地提出了许多问题。

其中，《常德日报》记者刘雅玲提问，日本的律师为什么要反对自己的政府？我在与许多中国人交流时，也体会到他们对日本人从正面严厉批评政府有些不理解。我知道对中国人来说，这是一个有普遍性的问题，便回答说："我的出发点是为了帮助日本政府负起责任，如果继续这样下去，不去解决日中的历史问题，中国人心中的痛楚不会消散，今后，如果中国强大起来，挨打的该是日本吧！"

4. 东京地方法院审判所搞清楚的历史事实

为了让法院承认细菌战的事实，我们从加害、受害、因果关系以及掩盖历史事实四个方面入手，展开了细致的举证工作。关于受害的事实，有原告受害者的意见陈述及受害证词，另外还有鼠疫流行时中国政府的调查报告，能够充分地证实具体的事实。但是，能具体证实加害情节却不是一件简单之事。

审判之初，能够证实加害事实的具有决定性意义的资料是《井本熊男日志》（后面详述），围绕该文书的证据保全以及文书提交命令，被告方以及法院展开了辩论。虽然法院没有命令保全证据或提交文书，但基本采纳了原告一方申请的证人，同意11名研究人员和7名原告出庭接受证人询问。1999年12月9日，提交第二次申诉，有72名原告提出了申诉书。

法院对事实的审理还是非常热心的，以彻底的态度进行了事实认证。但是在法律论点方面，依然是因循旧的法理，这样一来，结果就可想而知。法院的情况确实令人深感遗憾。

关于加害事实，无论如何请原日军相关人员直接出来做证是十分重要的。于是，我们申请让前述陆军参谋本部作战课课员、直接指挥或参与731部队的井本熊男和朝枝繁春，731部队航空班的松本正一，隶属于负责细菌制造的柄泽班的731部队队员筱塚良雄等出庭做证。确立这样的查证立案方向，松村高夫教授发挥了很大作用。结果，法庭采纳了松本正一和筱塚良雄作为证人出庭。

研究人员中，有推进细菌战诉讼审判的学者松村高夫教授、吉见义明教授，中国方面有当地的研究人员——黑龙江省社会科学院的辛培林教授。上述3人的证词为加害事实立证。

松村高夫教授利用日本、中国、美国、俄国、英国的第一手资料，考察了各个资料的证据价值、证据相互关系等，揭示了731部队实施细菌战及加害的历史事实。

吉见义明教授将从《井本日志》中发现的内容加以解析的基础上，作为历史学者阐明了《井本日志》是陆军官方规定的业务日志，记载的内容包括：（1）1940年10月在衢州、宁波使用细菌武器的记录；（2）1941年11月对常德进行细菌攻击的记录；（3）1942年浙赣作战中使用细菌武器的事实。上述细菌战的进行都是由参谋本部下发的指挥命令。

辛培林教授从研究日本开拓团入手，多年来研究日本对中国东北的侵略史。辛教授的证词中揭露了731部队强占农田、建设细菌武器制造基地，强制中国农民奴役劳动，抓捕抗日分子投入特别监狱充当人体实验的"材料"，以及炮制伪满洲国实施殖民统治等罪行。同时强调日军通过细菌武器杀害大量中国人，也反映出他们对中国的民族歧视。

另外，记者近藤昭二提交了日本掩盖细菌战事实的证词。证词以美国审讯细菌部队队员的报告为中心，包括731部队队员的供述，揭示细菌战的实施是出自日本的国家意志，日本在战后有组织、有计划地对细菌战事实进行了掩盖。

关于细菌战受害事实，两名专家证人上田信教授（立教大学、历史学）和聂莉莉教授（东京女子大学、文化人类学），以及两名中国防疫专家黄可泰（宁波市、医生）和邱明轩（衢州市、医生）共4人通过现场调查的事实提交了证词。上田教授和聂莉莉教授分别到崇山村及常德听取了受害者证词，进行了现场调查。他们的调查涉及区域社会的特点、疫病传播的状态、疫病对区域社会的破坏等各个方面。黄可泰对宁波的调查，邱明轩对衢州、江山的调查，从当地防疫专家的视角揭示了细菌战的事实。

这样，在东京地方法院的法庭上，受害者出具的受害事实，加害者的坦白，历史学、社会学、防疫医疗学专家以及媒体记者从各自角度阐明了细菌战及受害事实，可以说，从多重角度揭示了细菌战的实态。

为了使法庭承认细菌战的事实，从传染病学和细菌学的视角对细菌战疫病流行做医学考察是必要的。依据松村高夫、吉见义明教授的既有研究，东京医科大学的中村明子教授出具了鉴定书和法庭证词，对细菌战与当地鼠疫、霍乱流行的因果关系进行了传染病学分析。中村教授的鉴定书，是基于细菌学者的学识，利用1941年11月以后常德地区鼠疫流行的第一手资料，从正面解析了细菌战与鼠疫流行之间的因果关系。

通过上述举证活动，进一步明确了鼠疫、霍乱等受害结果与加害原因之间的因果关系,进而科学地论证了以感染鼠疫的跳蚤作为细菌武器及其传播渠道。可以说,这些都是细菌战诉讼审判中获得的成果,对事实认定的判决起了重大作用。

5. 东京高等法院审判的证人证言

二审中,申请了10名专家出庭做证,围绕一审中不充分的问题及一审留下的问题,进一步开展了举证活动。关于受害事实,京都大学教授、从事中国近现代史研究的江田宪治指出,目前中国仍在进行啮齿类动物之间是否流行鼠疫的检查,证实细菌战的受害至今仍然在继续;聂莉莉教授通过研究细菌战对家庭、亲属集团以及区域社会的破坏,揭示了细菌战的残忍性;湖南文理学院历史学教授陈致远,杭州商学院社会学教授、律师楼献,宁波市工人文化宫记者裘为众等专家以受害者的证词、疫病流行时的记录资料,以及目前的防疫政策等为依据,绘制出疫病患者的分布图,显示出各个受害者的居住地以及分布范围,作为原告受害事实的附录资料。另外,长冈大学中国近现代史副教授儿岛俊郎,以国会议员的质疑为中心,分析731部队的战争犯罪与日本政府的战后责任。

围绕法理的辩论,上海华东政法学院教授管建强(国际法)、关东学院大学教授殷燕军(日中关系史)二人对"《日中共同声明》放弃请求权"一说予以了批判;早稻田大学教授冈田正则(行政法)对"国家无答责"的法理进行了批判;青山学院大学副教授申惠丰(国际人权法)就《海牙陆战法规和惯例公约》第三条内容予以解析。

这些专家的鉴定书作为证据均向法院提出。其中,与事实证明相关的陈致远、楼献、裘为众及与法律问题相关的管建强4人作为证人出庭。其他还有7名原告的意见陈述,经过法庭询问,采纳胡贤忠(宁波)、熊善初(常德)二人的证言。

在二审审理中,"国家无答责"这一法理,成为法庭辩论的一大焦点。因被告日本政府提交了反驳鉴定书,所以在冈田正则教授鉴定书之后三次提出了鉴定补充书,与被告国家之间展开了法律论争。(此后，冈田教授指出，在《南山法学》五次连载了题为《明治宪法体制确立期国家不法行为之责任——国家无答责法理与公权力概念》的长篇论文，结论认为："国家无答责法理，只是判例法理，不能视同国家赔偿法六项附则中的'从前之例'，其实体内容在今天的法律体系下，不具有妥当性，当代的法律机关不应使用该法理。")

对加害事实的证明

1. 记载实施细菌战的《井本日志》

审判过程中，《井本日志》的存在起到了非常大的作用。案件已经过去几十年，找到能证明细菌战的物证资料十分困难，《井本日志》成为关键性证据。《井本日志》是陆军参谋本部作战课部员、中国派遣军参谋井本熊男书写的业务日志，共计23册，原件现存防卫省防卫研究所图书馆。井本负责731部队与参谋本部的联络任务，日志中详细记载了731部队的活动情况。《井本日志》的存在早为人知，防卫研究所战史室编写的《战史丛书》就曾引用过其中的内容。1993年8月，吉见义明教授与都留文科大学伊香俊哉教授（当时是研究生）详细查阅了防卫研究所图书馆的公开资料，发现了《井本日志》原件，确认其中具体记载了731部队实施细菌战的内容，于是将其主要内容发表。

比如，1941年11月25日，《井本日志》中记载：

(一) 长尾（正夫、中国派遣军）参谋ホ号件

11月4日早，接到目标方向天气良好的报告，97轻一飞机出发（以下抹去4个字——原注）。

0530出发、0650到达，雾深。落到H高度搜索，因H800附近有云层，在1000m以下实施（增田少佐操纵、有一只容器［盒子类］开启不充分，在洞庭湖丢下，粟36公斤，然后

由岛村参谋搜索)。

11月6日常德附近中毒流行(日军飞机一架在常德附近散布,接触者严重中毒)。

11月20日前后鼠疫猛烈流行,各战区搜集卫生资料。

判定

"只要命中,发病确实。"

(《井本日记》第14卷《季刊战争责任研究》2号)

日志记载的上述内容是用速记体书写,难于理解,但可解析如下。

1941年11月25日,中国派遣军参谋长尾报告,实施了ホ号作战,ホ号即细菌战的代号。

11月4日早,"目的方向"(即细菌攻击的地点)天气良好。由增田美保少佐驾驶陆军九七式轻型轰炸机,搭载两只装有36公斤杂粮的容器,杂粮中混有感染鼠疫的跳蚤。早5时30分(日本时间)起飞,6时50分到达常德上空,报告称天气良好,但雾浓,800米高度处可见云层。攻击机降到1000米以下启动容器,投下感染鼠疫的跳蚤,其中有一只容器没有开启,被丢进洞庭湖里。其后由岛村参谋负责搜索(对常德的攻击不是利用播撒器进行下雨式的方法,而是开启容器让跳蚤落下)。

11月6日和11月20日的《井本日志》记载,由于鼠疫菌的攻击,常德发生严重的鼠疫流行。11月6日记载,"日军一架飞机在常德附近播撒(鼠疫菌),接触者发生剧烈中毒",这应该是从现场获取的情报。11月20日的《日志》记载,"为了应付鼠疫流行,从各战区调集卫生材料",说明鼠疫疫情严重扩散,正竭力进行防疫活动。对于此次作战成果的评价,《日志》称"只要命中,发病确实",这是对使用感染鼠疫跳蚤进行细菌武器攻击获得成功的判断。

以上是证实日军在常德实施细菌战最有力的物证,这些记载与当时常德地方报纸的报道是一致的。《井本日志》还记录了在其他地区实施细菌战的许多情况。

《井本日志》是遵循《作战要务令》的规定进行的记录,并有提交的义务,即属于公文书之类。因此,律师团要求被告国家向法庭提交23册《井本日志》,申请证据保全和下达提交文书命令。但是,被告国家顽固拒绝向法庭提交。

2. 《井本日志》的真实性和可信性得到证实

1998年6月,我给井本熊男(1903年生)致了一封信,指出其日志是证实细菌战事实的正史资料,也是细菌战诉讼审判的有力证据,为了将其作为证据提交于法庭,务必请他协助。同时写道:"作为《日志》撰写者本人,您一定会有一些自己的独立见解",所以希望能够直接与他会晤听取。井本先生爽快地答应了会面。7月10日,我与一濑律师前往井本私宅,时已95岁高龄的井本有些耳背,所以进行了笔谈。

井本先生做了如下陈述:"听说过社会上对此问题(指731部队活动)严厉批评。731部队与参谋本部协力,对支那(原述)予以残酷的打击。731部队作为正式的防疫给水部队进行了非常出色的活动,可是却搞细菌战,谁都要皱眉头,我听过不少人谈起对731部队的看法,真正赞成的军人并不多。"

对于他个人的参与情况,井本说:"'井本'不是一个人,而是作为参谋本部、参谋总长属下的一个组织和731部队一起工作。用一句话说,731部队干的那些反人道的事情,作为身为监督指导职位的人,我是了解的,对此也曾表示过反对。昭和13年至15年,我是参谋本部的工作人员,但在参谋本部作战课里不过是一个小字辈,没有比我再年轻的部员了。"

"我的工作是负责参谋本部与石井731部队的联络,也可以说是一个窗口。即接收731部队的报告、要求等,然后报告给作战课课长。我只是听,向作战课长报告,没有任何权限,至于作战课课长如何处理的就不得而知了。"

井本强调自己没有权限也没有责任,但也承认参谋本部对731

部队实施监督和指导，即承认陆军中央机关直接参与了细菌战。另外，关于《井本日志》，井本称："关于731部队细菌战的事情，我记录下来的都是731部队告之的，把他们告诉的事情记录下来……类似日记的性质，诸位看过后就会明白。"至少，井本承认，他收到731部队的报告后，原样不做任何变动地记载在《日志》里。

我向井本提出，希望能够向法院提交《日志》，井本表示同意，他说："这部《日志》你们看到了吗？向法庭提出了吗？反正已经暴露了，我想最好是提交出来。我与国家代理方商谈后再提交，如何？尽可能满足你们的意愿。"

关于法官准备拜访询问井本之事，我问井本是否可以答应，他回答说："可以的，今天没能谈到的，也许还可以补充一些。"

然而事后，井本与国家代理方见了面，之后的结果就是通过代理律师向法庭提出了一份不同意将《日志》提交法庭的书面材料。不久井本便离开人世。

通过与井本直接会面交谈，我可以确认，《井本日志》是真实的记录，其中的内容可信。在法庭上，我也报告了与井本的会谈经过，强烈要求法官履行证据保全手续。但法官以被告国家强烈反对为由，拒绝履行。不过，在与井本会面交谈时井本谈到的事实，应该说对法官给予了很大的冲击，所以一审判决书中承认，"细菌武器的实战使用……受陆军中央的命令"。

3. 731部队毁灭证据（原参谋朝枝的供述）

证明731部队细菌战是受陆军中央命令的证人，还有一位是陆军参谋本部作战课参谋朝枝繁春（负责对苏作战，1912年生）。

朝枝曾任关东军参谋，负责731部队的工作。日本即将战败之际，朝枝担心731部队从事人体实验和细菌战之事暴露，引起追究天皇战犯的问题。所以朝枝于1945年8月9日向上司作战课课长天野正一建议毁灭证据。

天野少将接受了建议，指示直接向731部队长石井四郎下达命令,参谋次长河边虎四郎分别向关东军和731部队发出急电。急电用隐语指示:"此次苏联对日参战,关于贵部队的处置,请遵从朝枝参谋的指示,于8月10日上午11时左右在新京军用飞机场待命!"

朝枝飞离东京后,按预定时间在"新京"第二军用机场降落,对等待在机场的石井四郎部队长"代表参谋总长阐述对贵部队今后处置的意见",其内容是:爆破设施;用锅炉焚烧"马路大"(供人体试验的被逮捕者),将骨灰扬洒松花江;有博士学位的53名医官乘军用飞机直接飞回日本;职员尽快利用满铁返回日本。总的来说,就是将一切可以成为证据的物件从地球上彻底抹去。

朝枝承诺出庭做证,并向法庭提交了陈述书,遗憾的是,他在被采纳为证人之前就因病逝去了,未能实现出庭做证的承诺。

4. 731部队进行细菌制造和活体实验的事实(筱塚证词)

筱塚良雄(1923年生),1939年到哈尔滨平房,成为一名731部队少年班成员。1941年7月被分配到731部队第四部(细菌制造)第一课(细菌培养生产)的柄泽班,从事细菌的大批量生产。

据筱塚良雄坦白:

> 大批量细菌生产是在口号栋一楼利用石井式培养罐进行的。如果部队的设备全部开动,可使1000个石井式培养箱投入运转,包括培养时间全过程需要30个小时,可以生产出10公斤以上的病原细菌。
>
> 在细菌进行"移植"与"提取"时,班长柄泽与班副进入无菌室,"移植"的时候,为了使混入的杂菌减少到最小限度,必须在最短的时间里涂抹,班长柄泽一直在旁监视是否在快速操作以及是否无菌,提取细菌后还亲自称量。
>
> 这种作业十分危险,作业结束后必须进甲酚浴池。但仍有不适应者感染病菌,因感染而死亡的队员也不少,同我一起到

平房的少年班成员中就有感染死亡者。

关于依照陆军作战命令大批量生产细菌的情况，筱塚良雄供述如下：

> 大批量生产细菌的时候，同伴们都说"作命""检验"等略语。"作命"是"作战命令"的简称。我就亲身接受过"关（东军）作（战）（命）令第××号"这样的指令。几乎所有从事细菌生产的队员都知道大批量生产细菌的作战命令。可是，直到最后上司也没有讲这些细菌送到哪里，如何使用。但731部队利用石井培养箱生产细菌，用飞机在中国播撒或者在地面散布，使中国人染上疫病造成大量死亡的作战目的，我们这些下级队员也是清楚的。

筱塚良雄还供述，人体实验和活体解剖的目的是检验细菌的杀伤力：

> 人体实验和活体解剖的目的是，检验我们制造的细菌的杀伤力程度以及疫苗的作用等，这一切都是利用活着的人做实验品，并进行活体解剖。我参与活体解剖的第一位对象是中国男性，直到今天还记得很清楚。那个人没有注射疫苗，由我采血。这位中国男性给人的感觉是头脑清晰、有知识分子风度，我被他狠狠地瞪了一眼，只有低下眼睛。他感染了鼠疫病菌，随着鼠疫病情进展，他的脸和身体变色发黑了。
>
> 随后，这个人在还有气的情况下被裸体放在担架上，由特别班运送到解剖室。班副军医命令我先清洗，我就用橡胶水管冲洗他这个人的身体，再用刷子刷洗。因为是第一次参加这样的活体解剖，我的手、脚都慢吞吞的，特别是刷洗面部时，我更是迟疑不动手，一旁的科长手持解剖刀向我示意"快点"，

我这才用刷子开始刷洗躺在解剖台上闭着眼睛的这个人。班副军医用听诊器听了听他的心音，听诊器一离开胸部，解剖就开始了。

我遵照命令，负责把这个人被解剖后摘除下来的脏器放入容器里，然后涂抹到准备好的培养基上。

日本战败后，筱塚良雄一度加入中国人民解放军在中国生活。1952年，他在731部队的经历暴露后被逮捕，被送进抚顺战犯管理所。1956年因中国政府免除起诉而回国。中国归还者联络会成立后，他积极参与"历史证言"活动，在法庭上做证是第一次，他是作为亲身经历者而出庭做证的。

我曾与筱塚良雄一起到过中国，此次也是筱塚良雄第一次面对细菌战的受害者。筱塚良雄坦率地承认，虽然说是受上司的命令，但他还是残忍地杀害了许多无辜的中国人。他不掩饰自己过去的可耻经历，面对被害者发自内心地表示了深深的忏悔。如前所述，许多中国人受害者都走上前去与他握手，筱塚良雄的诚实和中肯得到了受害者的理解。

5. 航空班播撒细菌（松本证词）

松本正一（1920年生）于1939年毕业于熊谷陆军飞行学校，获得一级飞行员的资格，随即分配至731部队，直到1945年8月一直是飞机驾驶员，身份是军属。1940年从夏到秋的3个月时间里，松本奉命飞往杭州，参加了杭州作战。他本人并没有直接参与播撒细菌的作战，而是从同一航空队参与细菌战的战友的讲述听来的。

松本最初对出庭做证有些犹豫，因此我特意去埼玉县拜访了他，向他解释细菌战诉讼的意义，指出亲历者出庭的重要性，恳请他能够出庭做证。松本表示同意，并讲述了杭州作战的情况，还提供了一些当时的照片。1998年8月，松本与筱塚良雄一起去了哈尔滨平房，用了3天时间考察731部队遗址，并将当时的体验讲了

律师之魂

出来。此行的记录汇成《731本部设施实地调查照片报告书》，呈交给了法庭。

对《井本日志》里也有所记载的对衢州、宁波实施的细菌战，松本从亲历者的角度予以旁证，讲述了活生生的事实。他的证词如下。

我虽然没有直接参加细菌战，但在杭州听到其他军官和飞行员讲述过作战前后的情况。

1940年秋，增田驾驶单引擎九七式轻型轰炸机，卫生兵今村作为投弹手同机，将感染鼠疫的跳蚤放在两个箱子里，箱子设置在飞机的机翼下投撒。攻击的地方是衢州，称"衢州作战"。这次攻击携带的两个箱子中有一个在衢州上空打开，播撒了跳蚤。另一个箱子出现了故障，被中途丢弃了。

此后，增田、平泽、佐伯又驾驶单引擎九七式轻型轰炸机出动，细菌攻击的目标是衢州、宁波、杭州，称"宁波作战"。基于前次的失败，放跳蚤的箱子缩小，改成流线形，把5层左右的箱子平摞起来，里面装有跳蚤。投下时用电磁铁控制箱子的前后门，打开后，风力就把跳蚤吹落。箱子放在飞机的机翼下。

松本还证实，"731部队航空班不仅参加了此次细菌战，还参与了将感染鼠疫跳蚤播撒到中国各地的任务"。

还有一次进行细菌战的效果实验，驾驶八八式二型飞机播撒感染鼠疫的跳蚤。由荻原驾驶飞机，卫生兵今村担任投弹手，跳蚤的装箱操作不是飞行队的人，而是由山口班的技师负责。

这次实验在地上放有检查板，调查散布在地上的跳蚤能有多少，高度是300~500米，进行低空飞行播撒，实验地是杭州的钱塘江边。我虽然没有参加飞机播撒，但是，在飞机播撒后去钱塘江边现场参与了实验结果的调查。

还有一次，在实施细菌攻击作战时，正要打开装有感染鼠疫跳蚤的箱子之时，箱子的后门却怎么也打不开，里面的跳蚤滚成了球，播撒得不理想。返回笕桥机场后，在机场的草丛上打开了箱子，里面跳出大量的跳蚤，慌乱中消毒又不彻底，结果烧毁了整架飞机。

松本对731部队实施细菌战的实际情况十分了解，但对于自己是否曾经参与，一直到最后都没有松口，总是强调是从同僚口中听说731部队实施细菌战的事实。不过，作为旁观者，我越听他的介绍越感到他有过直接参战的体验。

6. 鼠疫跳蚤与鼠疫流行的传染病学关系

在日军细菌战的取证过程中，我意识到，中国人的受害是由鼠疫、霍乱造成的，即原告的受害是日军实施细菌战的结果，绝不是自然流行的疫病，要证明这其中的因果关系应该是最有难度的课题。在日本，要想找到能够利用细菌学和传染病学的方法科学地考察加害和受害的因果关系，并能出庭做证的专家，绝非一件容易之事。

最终，中村明子教授接受了我们的请求。中村教授原在国立预防卫生研究所工作了40余年，是一位有公务员身份的研究人员。最初，中村教授对出庭一事也有些踌躇，我们最初对她的一些情况也不甚了解。恰好在大阪、成田机场噪音影响案件审理中，原国立公众卫生院院长长田泰公被聘为辩护方专家，在商谈未查明的炭疽菌受害的举证活动中，我因一个学习会的机缘与中村明子教授结识，于是邀请她来做诉讼证人。

中村教授站在科学家的角度，凭着一颗良心对731部队播撒鼠疫菌的地区进行了调查，确认了鼠疫流行的因果关系，而且，经过多次的调查，她越发感受到细菌战的残酷性。

如前所述，1941年和1942年，常德城区两次流行鼠疫，传播到周边的桃源县和石公桥镇等地，并继续向农村扩散。中村教授将《井本日志》等日本方面的第一手资料与中国方面的防疫资料联系起来，从传染病学的角度对常德细菌战受害情况进行了细致、科学的分析。

东京地方法院一审时，中村教授作为证人出庭，针对1941年以后湖南常德鼠疫的流行与日军播撒病原体的因果关系，从细菌学及传染病学的角度做了证。以下摘要证人询问记录中的部分内容。

7. 常德市区第一次鼠疫流行的原因是细菌播撒

土屋：鼠疫的传播，是老鼠身上的跳蚤叮咬人后人被传染而发生的，这个假设在常德能够成立吗？

中村：常德第一次鼠疫流行时并没有发现死亡的老鼠。否定鼠疫的流行是从老鼠传播到人这样的假设，是非常重要的工作。当时，中国政府曾告诉民众，如果发现死老鼠立即上缴，可是没有发现的报告，说明老鼠间并没有流行鼠疫，而是突然在人之间传播开来。

土屋：那么，飞机丢下的、混杂在谷物里的跳蚤，又是如何依附在人身上的呢？

中村：落下的跳蚤接触到人身体后，经过一段时间的潜伏期，很快淋巴结鼠疫就会发病。常德的情况是，11月11日，恰好飞机播撒跳蚤后第7天发现两名患者，第8天又发现两名，患病的8人中有4人是在鼠疫跳蚤投下后的一周左右发的病。十分明显，这不是经由老鼠的传播渠道。

土屋：不是经由老鼠，那么，落下的跳蚤是直接附在人身上吗？因此人才染上鼠疫的吗？只有这一种可能性吗？

中村：是的。

8. 鼠疫跳蚤通过老鼠传播的第二次流行期

土屋：请介绍一下常德第二次鼠疫流行情况。

中村：第一次流行期过去后，有段时间没有出现患者。但是，按照防疫专家的建议，作为防疫对策，继续对老鼠特别是感染老鼠进行了检查，一直持续地进行了两个月的老鼠调查。实际上，在一个月左右时，感染老鼠的尸体数量开始不断增加，同时，又开始出现鼠疫患者，即第二次流行期开始。第二次流行是老鼠之间的传播波及到人。

土屋：最早患者是被跳蚤叮咬后死去，这些跳蚤不只叮咬人类，也叮咬老鼠，是这样吗？

中村：我想是这样的。

土屋：那么，老鼠感染鼠疫死了后，会发生什么情况呢？

中村：老鼠死后，跳蚤就会离开死老鼠，去寻找新的宿主，即新的动物，或者是老鼠，或者是人，人被叮咬后感染鼠疫并传播开来。

土屋：那么，所谓第二次流行，就是附在老鼠身上的跳蚤，或者是离开死于鼠疫的老鼠的跳蚤又去叮咬了人，于是不久，第二次鼠疫就流行开来。是这样吗？

中村：是的。

9. 鼠疫从常德市区传播到周边农村

土屋：常德第一次、第二次流行鼠疫后，桃源县也发生了鼠疫，两者之间有什么关系吗？

中村：据资料记载，从3月到6月，常德第二次鼠疫流行，在此期间，有一位桃源人来到常德染上鼠疫，返回桃源后就发病了。随后，来看望他的亲属连续被传染并向周围的邻居扩散。所以，桃源鼠疫的流行非常可能是从常德携带病菌的结果。（后略）

土屋：没有自然流行的可能吗？

中村：从形式上说，老鼠被感染鼠疫的跳蚤叮咬而染上鼠疫，此后带有鼠疫菌的跳蚤叮咬了人，开始在人间传播，这是自然流行。从因果关系看，常德第一次鼠疫流行后，以跳蚤为媒介所感染的鼠疫又传播到老鼠之中，也有可能是带有鼠疫菌的跳蚤直接依附到老鼠身上去了。把第二次流行视为自然流行是解释不通的。根据传染病学的理论，感染或传播是与第一次流行有着一环接一环的连动关系，不然就不能解释第二次流行。

中村教授对使用鼠疫细菌武器的残忍性做了如下论述：

实施细菌战，很不容易确定其因果关系，在不知道加害者是谁的情况下，因会传染他人，受害者往往就会产生自己就是加害者的错觉，这是传染病流行时一个很严重的问题。人为播撒毒性极强的鼠疫菌，危害人类社会，而且之后在一个相当长的时间里，都会持续地侵蚀受害地区。从历史资料中可以清清楚楚地感到使用细菌武器的残忍。

中村教授在常德及其周边农村调查时得知，当时的防疫对策之一，是焚毁患者的房屋，为了保留几代人好不容易建起来的家业，于是隐藏患者、隐瞒病情，只有很少一部分人家里出了病人后向政府报告了。结果，这些被隐瞒的患者成为传染源的一部分。中村教授准确地把握了常德周围鼠疫流行的原因。

中村教授的证言具有充分明确的科学依据，明确了日军施行的细菌战攻击与中国受害者之间的因果关系。

被告方日本政府，在中村证人的法庭询问中，没有提出任何反驳意见，一直保持着沉默。如果他们对因果关系有强烈对抗意识，应该在这个因果关系立证的阶段，非常认真地进行反对询问，或者就事实关系的解释展开激烈的因果关系的辩论。

然而，作为被告国家也许对自己曾经做过的事情有一些反省之念，所以在法庭上没有看到与对方辩论的态度。那样的话，在证据的认证问题上,一开始就承认事实就是了嘛。可是,对方在认证方面始终保持沉默,既不承认,也不否认。分析其原因,他们没有否认事实的自信,对于如此悲惨的事实,如果强词夺理地予以否认,日本政府无反省的态度会再一次暴露出来,所以,他们一直采取回避认定事实的态度。如果进行事实的辩论,日本违反国际法实施细菌战的实情就会越辩越明,作为被告国家不仅会一无所获,而且还会带来负面影响。因此,可以说被告日本政府竭力在法律辩论方面回避责任,向自我姑息的方向逃遁。

承认了加害事实却驳回了赔偿要求的判决

1. 判决后的媒体舆论

2001年12月26日,经过4年的审理,日军细菌战诉讼案一审结束,2002年8月27日做出判决。媒体对于一审判决予以极大关注,做了大量的报道。8月28日,《朝日新闻》和《每日新闻》都以"731部队诉讼·认定细菌战事实存在"的大字标题刊登了判决结果。

《朝日新闻》发表了社论《视而不见就可以了吗?731部队诉讼》,强调"判决承认了细菌战的历史事实","这是司法做出的首次判断"。另外,社论就日本政府应对审判的问题点也做了报道,指出:"奇怪的是,在审判过程中,国家对于是否实施了细菌战,既不肯定也不否定,将事实的存在与否束之高阁。另外,在法律辩论方面,始终坚持日本没有赔偿责任","此前,日本政府在国会回答针对731部队的质疑时,一直只是回答'能确认其具体活动状况的资料不存在'"。

社论还严厉批评日本政府的态度:"作为一个国家,对时间并不久远而且十分重大的行为束之高阁是不能被允许的。不明确地承认历史事实,不仅是对日本国民不负责任,对近邻国家以及其他各国,也会引来不信任的目光","对过去的历史视而不见的态度,不应再继续下去了。国家对731部队诉讼之态度，再次给人以如此强烈的印象"。

社论最后指出："应该切实明确事实和责任之所在，认真思考如何才能帮助要求赔偿的人们，这才是负责任国家的做法。只有正视过去才会有未来。我们要质问的，是日本这个国家。"

《琉球新报》也发表了题为《走向要求赔偿的道路·731部队判决》的社论，指出："细菌战受害者从正面提出诉讼，这还是首次，从这一意义上说，可以说是划时代的判决。目前存在着否认、歪曲和掩盖事实的倾向，该判决的意义更显重大。……该谢罪的必须谢罪，该赔偿的必须赔偿，这是战后应尽的历史责任。"

2. 确定细菌战与受害事实的因果关系

一审审判中对细菌战的历史事实进行了详细的审理，判决书中明确认定了细菌战这一历史事实是存在的。

判决书指出："1938年，731部队在中国东北哈尔滨郊外的平房建设了大规模的设施并以此为本部，最盛时在其他地区还设有支部。该部队的主要目的是细菌武器的研究、开发和制造，这些都在平房本部进行。另外，从中国各地押送从事抗日运动的人员至731部队，在该部队从事细菌武器的研究、开发过程中，对这些人进行了人体实验。"不论被告国家如何掩盖、辩解和逃脱，731部队所做的事实是抹杀不了的。

而且，731部队存在的事实，在第三次家永教科书诉讼最高法院判决中也已经被认定。这些判决的意义在于，明确认定了731部队曾实施细菌战这一历史事实。

判决书涉及细菌战实施的具体事实，"从1940年到1942年，731部队及1644部队等，如下列a、f、g、h各项所指，在中国各地实施了细菌武器的实战"。内中的a、f、g、h各项分别详述了731部队在中国的衢州、宁波、常德、江山等地实施细菌战带来的居民受害情况。

判决书还指出，"衢州的鼠疫，逐渐传播到义乌、东阳、崇山村、塔下洲等周边地区，带来了极大的伤害"，判决书对这些地区的受害情况也做了详细认定。关于常德的受害数字，判决书指出，"1942年3月以来，常德市区的鼠疫传播到农村各地，出现许多感染死亡者。据常德市细菌战调查委员会大范围的调查，常德因鼠疫死亡者达7643人"，"随着疫情的蔓延，总计超过1万人死去"。判决书承认，"细菌武器用于实战，是日本陆军战斗行为的一个环节，是直接受陆军中央的指令而进行的"。

在一审判决中，对于细菌战被害的严重性，判决书指出，"本件受害区域均是人口聚集和人际关系往来密切的地区，鼠疫介于社会形态而传播，使患者接连死亡，招致歧视及相互猜疑，带来区域社会的破坏，给人们的心理留下深刻的伤痕。本来鼠疫是啮齿类动物的疾病，在人之间流行后，病原体自然保存在生物界，导致人类感染的可能性长期存在。从这一意义上说，鼠疫不仅破坏了区域社会，而且是长期污染环境的疾病"，"霍乱菌的传染力极强，接连出现死亡，也导致区域社会的歧视和相互猜疑"。

2005年7月19日，东京高等法院的二审判决书也承认："1940~1942年，日军731部队及1644部队等……实施了细菌武器的实战（本件细菌战）。其结果，衢州、义乌、东阳、崇山村、塔下洲、宁波以及常德多发鼠疫患者，江山多发霍乱患者，造成多数人的死亡。做出承认这一事实的判断。"就是说，东京高等法院也承认细菌战杀害了许多中国人的历史事实。这样，东京高等法院也维持了一审判决中对于事实的认定。

3. 细菌战违反国际法

一审判决认定，鉴于"日军在中国各地进行的细菌武器的实战使用，明显符合《日内瓦议定书》中的'使用细菌作战方法'一项"，所以，明确判定日军的细菌战违反国际法。一审判决明确认定了日本国家的责任，"以《海牙陆战法规和惯例公约》第三条规定为内容的国际惯例法，被告对于本件细菌战负有国家责任"。

一审判决还指出，"由于本件细菌战给予受害者悲惨且重大的伤害，对日军的该战斗行为不能不评价为非人道的行径"。对于救济细菌战受害者的必要性问题，提出了建议，"在国会上陈述上述事情及各种问题的同时，应由更高层次的裁断来判断其性质"。但在实施细菌战已经是事实的前提下，被告日本政府的责任是不能豁免的。

东京高等法院的二审判决与一审同样认定了国家的责任，"本件细菌战……相当于《日内瓦议定书》中禁止的'使用细菌作战方法'"，"本件细菌战……相当《海牙陆战法规和惯例章程》第二十三条第一项'禁止特别公约规定的事项'，是违反以《海牙陆战法规和惯例公约》第三条为基调的《海牙陆战法规和惯例章程》的行为，认定国家负有责任"。

4. 驳回原告的请求

东京地方法院的一审判决以及东京高等法院的二审判决，都对731部队的存在及其活动事实，即细菌战是在陆军中央的命令下实施的，在细菌战中，原告所在的城市和乡村遭受了人、物两方面的极大伤害，两法院对上述事实均予以了认定。

可是，一审及二审的判决，完全驳回了原告的请求，被告国家方胜诉。法院方竟毫不难为情地端出陈腐的法理，逃避司法应尽的责任。如果对法律和条约等予以正确的解释，本着公平正义的原则和道义，应用国际人道法，承认原告的请求并非难事。而且，既然清楚地认定了细菌战的事实，毅然判定细菌战违反了国际法，却对受害者不予救济，相反，却解救了犯下极大罪孽的日本国。

法院本来应该是张扬正义的场所，日本司法的做法是绝不能被允许的。

一审判决中，为了驳回原告的请求，法院方主要运用的法理有三点：一是"国家无答责"；二是否定国际法上的个人请求权；三是强调《日中共同声明》放弃了赔偿请求权。

在二审判决中，同样运用上述第一条、第二条法理，驳回了原告的请求。关于《日中共同声明》的请求权问题，在询问专家证人后，法院采取了完全回避的态度，没有涉及该内容。

一审判决对"国家无答责"法理是这样阐述的："战前[①]，因公权力的行使而造成的对个人的损害事件，没有承认国家赔偿责任的法律依据。对公权力的行使一直是基于国家无答责的基本政策进行，因而，即使公权力在行使过程中违法，被告（国家）仍不负有损害赔偿责任。""国家权力作用的受害者没有向国家要求赔偿的请求权，这种国家无答责的原则，在昭和22年10月（1947年10月）《国家赔偿法》实施之前，作为'法令'实施。"

但是，这一法理在战前的判例及学术著作中，也曾有过相反的案例及反对的学说，绝不是已制定出台的法令，不过是解释性的法理。《国家赔偿法》的附则中有一条，"关于该法律实施前的损害行为，仍循从前之例"。这里的"从前之例"，非指解释性的法理，而是从作为民法特别法（私法）的《国家赔偿法》回归作为一般法的《民法》，其中第七百一十五条关于使用者的责任，意味着国家承担的责任。

而所谓"国家权力作用"，即"国家对个人命令，强制其服从之作用"，住在他国的他国民，占领和统治下的中国国民，无论怎么判断，也不适用"国家无答责"的法理。

"国家无答责"出于明治宪法下的《行政法院法》第十七条，"行政法院不受理损害要求赔偿"。即这样的诉讼被置于行政法院管辖范围之外而产生出来的法理，但是不能否认司法法院因循私法进行的处理。

如今，行政法院已经不存在（《宪法》第七十六条规定），行政法院是在明治宪法的背景下建立的，由此派生出来的"国家无答责"，以及对这一法理的理解，用于现在的诉讼，显然是极大的不合理。当今的诉讼理应运用民主的解释论法则。

[①] 这里的"战前"，相对"战后"而言，指1945年日本战败投降之前的历史时期，包括战争时期。

律师之魂

战争时期,日本的轰炸机曾误炸外国的船只,日本政府对受害的外国人支付了赔偿金,此为帕奈号事件。① 一审判决认为,该事件的赔偿是在国家与国家之间进行,不能等同承认个人请求权之例。但实际上,此案例是被害者所属国家通过外交保护权获得的赔偿,是承认个人为法的主体的先例,换句话说,此例正是否决"国家无答责"的最有力案例。

对第二条法理国际法否认个人请求权的问题,判决强调是"国际法的传统思考"。认为国际法是国家之间的法律,个人不是法律的主体,受害者个人不能直接向加害国家要求损害赔偿。

法院方还认为,1907年《海牙陆战法规和惯例公约》第三条之规定,并非承认个人的请求权,而且,围绕该内容的国际习惯法也没有制定,无论是对该条款的上下文解释,还是从制定过程以及实行的案例看,难以理解成是承认个人请求权,因为,涉及个人请求权的习惯法还没有制定出来。

可是,在海牙公约制定时,由于人权思想高涨,已经形成了尊重私权的潮流,至少可以说个人地位成为受保护的主体已经被确立。该公约第三条指出,"违反该章程规定的交战一方在需要时应负责赔偿",而且以实地支付为原则。应获实地支付赔款的受害者,如未获取,事后不能请求的解释是不合理的。细菌战赔偿诉讼中,亦说缺乏请求的规定手续不能提出请求。但是,依据《宪法》第九十八条第二项,国际法被纳入国内法成为其中的一部分,由于海牙公约的规定与《民法》第七〇九条有同样的规定内容,所以,国内法院援引并适用该条款没有任何牵强之处。

---

① 帕奈号事件(又译作"帕内号事件"):1937年12月12日,日军第二联合航空队第十三航空队误炸了停泊在距离南京11里江面上的美国炮舰帕奈号,美国立即向日本提出严重抗议。事后,日本撤换了第二联空司令,处分了一千人等,并赔偿美国受害方221万美元。

卡尔·鲍威（音译）博士在其学说里，列举许多实际案例，说明已经形成了国际习惯法。而且，当今的诉讼理应采用当今的法律意识来进行裁决。

一审判决中还提及《日中共同声明》第五项放弃请求权的问题。1972年《日中共同声明》和1978年《日中友好条约》中，中国政府宣布放弃战争赔偿请求权。于是日本得出片面的判断结论，认为在国际法上，被告国家的战争责任问题已经解决。可是，《旧金山和约》缔结时，中国表明了中国国民得以向日本政府请求受害赔偿的立场。1995年3月，中国全国人民代表大会上，当时的副总理钱其琛在台湾代表团的会议上，又明确表示："《中日联合声明》放弃国家间的赔偿权，不包含受害个人的赔偿请求权，这是国民个人的权利，政府不能干涉。"这一见解说明，"日本的战争责任问题已经解决"的判断纯属误判。

我对细菌战审判判决（包括其他战后赔偿的判决）持批判态度，法院为了救济日本政府，厚着脸皮搬出陈腐的法理，逃脱司法的责任。他们没能迈出战时国际法一步，仍然拘泥于"战争是国家的正义"的国家利益论，以及国家是唯一的法主体的法理理念。今天，如国际人道法，在国际法上已经完全承认个人是法的主体，法院方却还在卖弄早已被历史遗弃在故纸堆里的法理。

法院以没有相应法律为由拒绝做出正义的审判。实际上，这正是"司法不作为"的表现。行政、立法、司法三权合起来持续这种不作为的状态，而且权力间相互遮掩祖护，违背正义，是绝不会被国际社会容忍的。

5. 向细菌战受害者报告一审判决结果

关于一审的判决情况，当然要向原告团报告。我考虑了如何向原告团诸位解释判决的意义问题。我认为，关于谢罪和赔偿的第一目标未能实现，但是纠正错误的历史认识的第二目标基本上实现了。可是，法庭承认了细菌战的事实只是向前迈出了一步，被害者诸位能够理解这次判决的意义吗？所以，我决定组织一支大的团队前往中国，宣讲向前迈出了一步的一审判决的意义，并准备表达在二审中要进一步努力的决心。

2002年11月初，原告团决定分别在湖南省常德市和浙江省义乌市召开一审判决报告会，我与一濑、鬼束、西村、荻野、萱野律师团5人，学者聂莉莉、中村明子、松井英介夫妇以及ABC企画委员会的三岛静夫等11人从日本前往。为配合这次会议，常德市在档案馆举办了"侵华日军731部队常德细菌战罪行展览"，11月2日早上，我们参观了展览，并题词留念。

11月2日上午，原告和调查委员会主持召开了细菌战诉讼律师报告会，我做了发言：

> 我想，此次判决可能与诸位的期待相反，大家都感到失望和气愤。法院承认了731部队的一切罪恶事实，但是，法院方搬出陈腐的法理，结果使原告败诉。我们律师团，也成为败下阵来的律师团。然而，我们却得到这么多中国人的热烈欢迎，真是从心里表示感谢。
>
> 判决承认了日军实施细菌战的历史事实，指出细菌战给许多人带来极大痛苦，其残暴行为为国际法所不能允许。这一判决，是日本司法机关经过正式详细的证据调查得出的结论。做出这样的判决，使日本政府、法院以及国会议员们不得再否认731部队细菌战的事实，或进行歪曲宣传以及掩盖其罪行，这是这次诉讼最大的成果。
>
> 此次诉讼审判的目的，就是让日本对亚洲人民做过的事情，从心里谢罪和赔偿，并把这些历史事实告诉给后代，绝不再犯同样的罪行。在此基础上，与各国人民恢复真正的信赖关系，使全体亚洲人民团结起来构建持久的和平，这便是诉讼审判的目的。这是作为日本人或者日本国家应该做的事情。而日本政府、国会以及法院漠视这一切，一点也体会不到我们是为了和平的真正目的，作为一个日本人我感到耻辱。

第九章 731部队细菌战审判

难以计数的数万人的牺牲,以及承受着怨恨和悲哀的遗属们的伤痛,这些都应该得以解决和慰藉。如果不恢复牺牲者的人格尊严,就还没有达到诉讼审判的目的!

另外,对于二审,我做了表态:

对此次上诉,我们做了充分的法律辩论准备,抱有坚定的信念和自信。无论如何要赢得审判的胜利,为了让原告诸位能够解开怨恨的心结,为了让死去的受害者得以恢复尊严,也为了建立起日本与亚洲真正意义的信赖和和平关系。

下午,在常德烈士公园,我们参加向常德会战抗日烈士纪念塔致哀献花圈仪式,许多小学生也参加了此次活动。下午2时半,参加在常德市文化宫召开的"常德细菌战案中日报告会",参加者达500余人,我在发言中再次阐明:

61年前,731部队向常德播撒了鼠疫病菌,造成无数受害者罹难。59年前,日军又大举进犯,许多中国军人和市民牺牲,这些都是无可争议的事实,是日本制造的残暴无道的历史事实,这些历史事实永远不能被抹杀。

我认为,日本与日本国民都必须坦率地承认在中国实施细菌战的无可争议的历史事实,从心里祭奠那些罹难的中国人,从心里谢罪,不让他们失望,并对他们予以赔偿,恢复其人格尊严。只有这样,才能建立起日本与中国及亚洲其他各国的信赖关系,建立起真正和平友好的关系。

可是,今天的日本政府完全持相反的态度。极力敷衍搪塞,甚至掩盖历史,宣扬日本进行的战争不是罪恶的战争,是迫不得已的战争,歪曲战争的历史。日本首相还亲自去参拜祭祀着侵略战争指挥者以及参与侵略战争的"日本鬼子"的靖国神社。

在日本，孩子们学习的历史教科书掩盖这些罪恶和残暴的历史，教给孩子们的尽是一些错误和虚假的东西，还声称这样做是为了培养孩子们对本国历史的自信心。然而，掩盖过去的罪恶，培养出来的自信和自豪会产生什么结果呢？

我作为一名日本人对此深感羞耻，作为一名律师亦深感不能视而不见。为了呼唤日本政府幡然醒悟，产生反省意识，我决定担任731部队细菌战诉讼审判辩护律师团的团长。

此次审判的原告计180人，有大批的罹难者没能加入我们的队伍，有的全家人死绝，没有留下后人。这些罹难者的亡灵在法庭上徘徊。所以，180名原告绝不仅仅是为了自己，也是为了这些亡灵在努力拼搏。

判决是历经5年时间审判的结果，经过认真的证据调查，法院承认了我们列出的事实，也判决日军的行为是反人道的，是绝不能被允许的行径。

法官要想做出正确的判决，必须要具备良心和勇气。为了让法官本着良心做出公正的判决，中国民众以及日本的国民发出了自己的声音，而且，舆论和来自世界各国民众的国际批评也是十分重要的。我深信，历史的真实必然得到捍卫，正义也一定能够胜利，让我们共同奋斗！

11月3日，我们从常德前往杭州，在杭州与筱塚良雄会合。晚饭后，参加中日律师细菌战对日索赔诉讼法律座谈会，杭州的律师与日本的律师坐在一起交换了意见。

11月4日早，拜访杭州对外友好协会，向该会对诉讼审判的支持表示感谢。随后，乘坐楼献律师的汽车行程3个多小时前往崇山村，下午1时半到达。在崇山村一户老人家的院前召开了"细菌战受害对日二审诉讼声援大会"，我在会上做了发言并报告了一审判决的情况。

这次集会上，浙江省各地的原告及受害者代表赶来参加，丽水的受害者也参加了集会，还有从杭州赶来的律师。

集会后，我们前往崇山村的林山寺，寺庙前立有一块刻有细菌战受害者名单的石碑，我们在寺庙前拍照留念。饭后，又召开了原告团及律师团第六次联席会议，在报告一审判决情况的同时，讨论了应对二审的方针。

细菌战诉讼的成果

1. 厚生省及防卫厅公开了一部分731部队资料

一审判决中，法院方利用陈腐的法理驳回了原告的要求，但是，认定了日军实施细菌战以及受害的事实。原告团和律师团根据一审判决的这一成果，进一步展开了活动。

2002年8月28日，即一审判决后的第二天，细菌战受害者中国原告、律师团以及学者三方围绕事实调查召开了意见交流会，参加者超过百人。在意见交流会上，原告团和律师团邀请日本国会议员川田悦子以及外务省、防卫厅（当时）、厚生劳动省的有关官员出席。分别保存着有关731部队资料的外务省、防卫厅以及厚生劳动省的负责官员承诺，接受东京地方法院的严正判决，为查清731部队细菌战的事实而努力。

我在会上说："昨天的判决，基于各种各样的证据，法院正式认定了细菌战的事实。法院作为权威机关，而且是经过详细调查认定的事实，政府如何看待？首先请解释一下基本的态度。"

外务省官员一方面发言称："对于昨天的判决应该严肃地接受，在法院判决这一既定事实的基础上，对判决的内容进行充分的研究。"可是另一方面，对于731部队细菌战的事实，又声称"没有资料，我们也是从报道中得知的"，依然采取不承认的态度。厚生劳动省和防卫厅在松村高夫、吉见义明二位教授的追问下，表示了要诚恳面对的态度，并当场提交了17份资料。

我们要求，外务省、防卫厅、厚生劳动省以及其他各省厅应该对保管的资料进行调查，听取细菌战受害者以及原731部队队员的证词，同时开展日本、中国以及美国的资料调查工作。日本政府应该展开事实调查，立即向细菌战受害者谢罪和赔偿。当日下午，继续在议员会馆会议室开会，大约有10名关心诉讼的国会议员出席了会议。

2. 声援诉讼的国际合作

自1997年8月细菌战诉讼提出起，到2007年5月日本最高法院驳回和不受理上诉，历时长达10年，在此期间，我们得到来自中国、日本以及世界许多其他国家人们的支持和帮助。

2001年8月4日，在杭州召开原告团、律师团第五次联席会议后，浙江、湖南、上海、香港等中国各地的声援团体相继来日，旁听法庭辩论，达300余人次。特别是一审判决时，80余名中国原告及声援团成员来日。开庭前，有200多人排队等候旁听席的抽签。判决后中日市民一起绕霞关一周游行，引起许多日本市民驻足注目。

在中国国内和世界各地有超过百万人签名要求公正审判，仅常德就有51.7万人签了名。

180名原告，大多是高龄老人，10年里团结一心坚持到最后审判，实在是了不起的举动。细菌战原告分布在浙江省的宁波、义乌、东阳、塔下洲、崇山村、衢州、江山7个地区，还有常德市区以及辖下的15个农村等广阔的区域，集中起来十分困难。但是，原告们坚定地团结一致参加诉讼，其中，尤其发挥重大作用的是王选女士和陈玉芳女士。

王选女士的叔父在崇山村因鼠疫死亡，所以她是原告之一。她本人在上海长大，从小经常回到父亲的老家崇山村，"文革"时就在崇山村下乡，和村里人很熟，了解村里的历史，被大家推举为诉讼原告团团长。她献身于诉讼活动，每次审判都出席，是原告团的领军人物。她于1987年起来日本留学了几年，之后因工作关系经常往来于中国与日本，日语流利。我访问中国时都是她做随行翻译，这样得益于她的帮助才得以与各个地方的原告沟通。

陈玉芳女士组织常德市细菌战受害调查委员会，进行受害者调查，并组织原告的各项活动。常德原告有 61 人，分散在市区及 15 个农村地区，把这些人组织在一起是十分费力的工作。7 年间，常德调查委员会不仅对市区受害者进行了调查，而且深入细菌战受害的 70 多个农村，一个人一个人地调查，最后汇成了 7843 名细菌战受害者死亡名簿，这一名簿向法庭提交后被采纳。

1996 年 11 月，还在诉讼提起之前，一瀬律师与松村高夫教授首次前往常德调查细菌战受害情况。第一天，受害者谁也不愿意出来见面，对日本人抱着怀疑的态度。可是，到 1998 年 3 月，我第一次去常德时情况有了很大的变化，受到了热烈的欢迎。常德市民组成了诉讼声援团，在城区开展了签名活动，当时已相继送出了 50 多人到日本来支援诉讼。位于常德市的湖南文理学院成立了细菌战研究所，举办了细菌战和诉讼展览。

细菌战的一审和二审都得以在东京地方法院最大的法庭进行，一审在 103 号法庭，二审在 104 号法庭。旁听席上有近百人的座位，对平日审理时是否能坐满，我最初还颇有些不安。但是，不仅是日本的市民，来自中国的声援团也来旁听，旁听席总是坐得满满的。一审进行了 28 次，二审进行了 11 次，合计 37 次的审理中每次都是座无虚席。在动员市民旁听以及支持诉讼活动方面，许多日本的市民团体做出了很大的贡献，比如，查清日军的细菌战历史事实会、731 细菌战展示会实行委员会、731 细菌战诉讼运动委员会以及 ABC 企划委员会，等等。

许多研究人员提出了鉴定书并在法庭上陈述了证言，给予了有力的支持，而且每到关键性的审理时都来旁听。"日本战争责任资料中心"的代表、历史学者荒井信一教授多次出席讲演会和在国会举行的集会，并在会上做了报告。

细菌战律师团汇集了来自全国各地的 224 名律师，北至北海道，南到冲绳。每次法庭审理均有 10 名左右的律师参与，他们不仅得不到任何报酬，相反还要屡次出资提供维持审判费用。

1998 年 6 月下旬至 7 月上旬，在北美的 5 个城市纽约、华盛顿、旧金山、多伦多、温哥华相继召开了"731 部队展——发生在亚洲的被遗忘的大屠杀"，除 731 部队和细菌战外，还展示了南京大屠杀以及"从军慰安妇"等内容，并举办了证言集会活动。

参加了证言集会的，除我们 5 名细菌战律师团成员外，还有原告团代表王选女士、松井英介医师、山口研一郎医师、吉田义久教授等总计 15 人。主办者是美国与加拿大华裔市民组成的市民团体"世界抗日战争史实维护联合会"。证言集会在上述 5 大城市举行，每次都有 400 多名市民参加。

本来，原 731 部队员筱塚良雄也准备与我们一起参加证言集会，可是 6 月 25 日（当地时间），当我们到达芝加哥的奥黑尔机场时，美国方面却以《美国移民与国籍法案》第 212 条 a 项 33 号规定，拒绝筱塚良雄入境，结果，筱塚在到达奥黑尔机场几个小时后，不得不被强制搭乘飞往日本的飞机回国。

拒绝筱塚入境的行为在美国引起极大的反响，美国许多媒体对美方拒绝筱塚入境表示质疑。加拿大驻日本大使馆竟发出通告称"由于帮助不被准许入美国境的日本人入境加拿大，所以一旦一濑敬一郎律师入境将立即予以逮捕"。我立即与大使馆交涉，请他们撤回了通告。由于这一原因，我们耽搁了访问团的多伦多行程，不得不在芝加哥停留一晚。

美国及加拿大禁止筱塚良雄入境的行径使我意识到，这正凸显出美国长期掩盖 731 部队战争犯罪的责任问题。

就这样，在美国的证言集会上筱塚良雄的出席做证被美国方面破坏了。之后，我们筹备了日美双方电视会议，同年 8 月 17 日，洛杉矶与东京连线，筱塚良雄以及出版了《东史郎日记》的原日本军人东史郎出席，终于把他们的证言传达给了美国市民。

3年后的2001年9月6日，"和约签字50周年纪念会"在旧金山召开，我再次接受世界抗日战争史实维护联合会的邀请，同王选女士一道赴美出席。会议指出，旧金山对日和谈并没有解决日本的战争责任问题。我在会议上，以731细菌战诉讼律师团团长的身份介绍了诉讼的经过，并指出，日本政府必须承认过去犯下的罪行，对受害者予以谢罪和赔偿。

我发言结束后，有一位澳大利亚人来到我的身边。他是二战期间被日军虐待的俘虏代表，他说："土屋先生，在我的一生中，从来没有想过要同任何一名日本人握手，但是今天我听了您的话，我想与您握手，可以吗。"他这么一说，我倒有些不安起来。作为一名日本律师，参与这样的诉讼活动是理所当然的事情，得到澳大利亚人的如此评价，更痛感今后责任重大。

在中国，浙江省、湖南省的细菌战受害者及其遗属展开了长达10年的细菌战审判斗争。如今，他们为了让日本政府进一步认识细菌战的事实，又开始了新的活动。河南文理学院细菌战研究所对日军从事的细菌战，从历史学、文化人类学、医学等各个视角展开研究，通过学术研究继续追究日本的战争责任。

2007年5月9日，日本最高法院驳回原告的上诉，并决定不予受理，决定书只有寥寥几行字，给人以冷淡漠视之感。最高法院在做出这一裁决之前的4月27日，已对西松建设公司强制中国劳工及中国"慰安妇"事件判决原告败诉，罗列的主要理由是，"由于日中战争所产生的中华人民共和国国民对日本国或者法人的请求权、诉讼及上诉权，根据《日中共同声明》已经失去"。最高法院的这一态度，露骨地表现出对于接连不断的中国人诉讼，竭力想一推了之，屈服于政权的日本司法现状简直不堪正视。

然而，最高法院的这些判决，绝压制不住中国人、韩国人、朝鲜人和亚洲其他各国以及第二次世界大战时期各同盟国的战争受害者要求赔偿的呼声。对最高法院毫无道理的四·二七判决，是不能承认的。

现在，我又担任重庆大轰炸受害者诉讼的律师团团长。对于重庆大轰炸诉讼，我吸取细菌战诉讼的经验，下决心颠覆最高法院四·二七判决，努力实现中国战争受害者要求日本政府谢罪赔偿的心愿，这也是我作为律师一生矢志奋斗的方向。

第十章
重庆大轰炸受害诉讼的意义与
最高法院四·二七判决

无差别轰炸并没有结束

　　2006年3月30日，重庆大轰炸受害赔偿诉讼正式向东京地方法院提出，同年10月15日第一次开庭。日中战争时期，因日军对中国临时首都重庆以及四川省的成都、乐山、自贡等地连续进行大轰炸，重庆、乐山、自贡等地失去父母、兄弟姐妹等亲人及本人身负重伤的受害者成为原告，共计40名。2008年7月4日，又提出第二次诉讼，增加成都原告22名。

　　1937年7月7日卢沟桥事件爆发，日本对中国进行了全面的侵略战争，是年秋冬，华北、上海、华中都成为战场。侵略军以为占领中国首都南京就能让中国屈服，进行了残暴的作战。12月13日，日军占领南京，开始了残忍的大屠杀。中国中央政府（中华民国政府）被迫迁往内地，1937年11月，决定将首都迁至重庆。以蒋介石为首的国民政府虽然处在被步步紧逼之下，但在美、英、苏等国的支援下，抗战体制并没有瓦解。毛泽东指挥下的共产党，在抗日统一战线下组成八路军和新四军，展开正规战和游击战，强化了抗日阵营。

　　日军准备攻下临时首都重庆，但受到天然障碍大巴山脉的拦阻，靠陆军的军事力量力所不及。为此，日本陆海军中的空战力量联合起来，实行飞机轰炸中国内地的战略，称为"战略大轰炸"。大轰炸的目标是摧毁重庆、成都、乐山、自贡等地的城镇和军事、交通要地，实施政治和经济上的打击，以粉碎中国人的抗战意志。重庆大轰炸始于1938年2月，一直持续到1943年8月，长达5年多，期间实施了"101号作战"（1940年5~9月）、"102号作战"（1942年7~8月）。日军使用燃烧弹等毁灭性武器接连不断地进行恐怖轰炸，尤其1939年的5月3日、4日的大轰炸，和1941年6月5日造成大批避难者窒息死亡的隧道惨案，都使重庆市民遭受了前所未有的战争伤害。

日军的重庆大轰炸以无辜民众的生命和生活设施为目标，无差别轰炸造成了大规模杀戮和房屋、财产的大量损失，按照当时的国际法，这是重大的违法行为，是残忍的非人道的战争犯罪。然而，一直到今天，日本政府一次也没有向受害者表示谢罪，更谈不上什么赔偿了。重庆大轰炸的受害者原告，要求审判必须判明大轰炸是不容置疑的战争犯罪，必须予以谢罪和赔偿。

重庆大轰炸虽然已经过去60多年，但大轰炸的受害者依然怀着强烈的激愤，同时也感到无望。他们心里的伤痕非常深，至今仍是心痛不止。今天日本政府的态度可以说是在继续着加害行为，重庆大轰炸的问题是不能就这样终结的。

在法庭上，按照惯例首先由原告陈述轰炸受害的经历。以下介绍两位原告的陈述。

2007年1月24日，乐山原告罗保清在第二次开庭审判时陈述：

> 1939年8月19日，数十架日本飞机飞来乐山上空，向城区投下炸弹，城区顿成一片火海。我家的店铺兼住宅瞬间化为乌有，父亲与4名帮工当场死去。此后一家人生活没有着落，靠母亲纺线度日，我当时14岁，只好退学去当临时工，帮助维持生活。

◆ ——— 第十章 重庆大轰炸受害诉讼的意义与最高法院四·二七判决

2008年3月26日,重庆原告鞠天福在第六次开庭审判时陈述:

> 1939年5月3日,日军飞机投下的炸弹发出了巨大的声响,我们从对岸望去,只见浓烟和烈火遮盖住了太阳和天空,覆盖着整个重庆市,我只能睁大了眼睛张着嘴,茫然呆立在那里。警报解除后,父亲去自家的店铺一看,只剩下了满地破碎的砖瓦和污水,而且找不到祖父、伯父以及堂兄的下落。父亲到处寻找,到处都是辨不清原状的支离破碎的尸体,根本无法辨认。在长达5年半的时间里,我从疏散地的长江南岸亲眼目睹了大轰炸和大屠杀的残酷,饱尝了降临到普通民众头上的巨大的灾难。以我家为例,三代亲人罹难以及财产损失,使本来衣食无忧的富裕家庭,一瞬间什么都失去了。为了买米,能典当的都典当了,能卖的都卖了。吃的东西不足,只好去菜市场捡菜叶,粮食断了顿,便以豆腐渣糊口,整天处在饥饿之中。

面对这些受害者的苦难,作为三权之一的日本法院,应真诚地处理该案,承担起自己的责任。

不允许日本政府的荒谬主张 谴责最高法院判决

重庆大轰炸诉讼审判在东京地方法院最大的第103号法庭进行,每次审理旁听席上都坐满了人,许多东京大轰炸诉讼的原告团成员也来旁听。2008年7月7日进行第七次法庭辩论,这次是进入正式审理阶段的开始,法庭上充满着紧张的气氛。

法院的作用是重大的。法院可以认定重庆大轰炸是历史事实,无差别轰炸是违反国际法的行为,并指令日本政府予以谢罪和赔偿,以慰藉死者、抚慰原告,恢复他们被剥夺的尊严。

提起对无辜市民实施无差别轰炸的事例,最著名的是德国对西班牙格尔尼卡的轰炸，① 而日本对重庆大轰炸的规模之大、时间之长，其持续性和执拗是远远超过格尔尼卡轰炸的。而且，对重庆的大轰炸，与后来的英国对德国德累斯顿的空袭，美国对日本六大城市及其他城市的轰炸，以及投掷原子弹等，是有着历史连续性的。

从世界史的视角看，对重庆的大轰炸是人类历史上第一次以大量杀戮为目标的无差别轰炸。然而，对于这种明显违反国际法的无差别轰炸却一次也没有进行审判。其结果是，这种残酷无比的无差别轰炸在第二次世界大战后亦接连发生，如朝鲜战争、越南战争，21世纪的阿富汗战争、伊拉克战争等，无差别轰炸一直延续到今天。

为了斩断屠杀无辜民众的战略轰炸的链条，站在这一立场上，提起重庆大轰炸诉讼，不仅仅是为了清算对重庆、成都、乐山、自贡等地受害者的违法轰炸问题，从世界史的视角看此举也有极其重要的意义。

1997年3月，时逢德国轰炸格尔尼卡60周年，德国总统赫尔佐克向该市和市民表示谢罪："我为倒在残暴行为下的死难者们感到痛苦，我们绝不能允许德国空军的轰炸以其由此带来的恐怖重演，我呼吁两国国民之间的和解以及未来的和平。"毁灭德国德累斯顿城的英国，在2000年该市"空袭55周年纪念仪式"上，伊丽莎白英国女王派出特使盖恩特大公（音译）出席，在表示谢罪的同时，还提议出资重建被毁坏的圣母大教堂。

难道日本政府不应该向德国和英国学习，也向重庆大轰炸的受害者谢罪吗？然而，日本政府始终采取回避和隐瞒历史事实的态度，还总是宣扬日本是空袭和原子弹的受害国，对自身违反国际法的行为却佯作不知。对日本政府的这种厚脸皮的态度，凡是有良心

---

① 1937年4月26日，德国为打击西班牙人民阵线组织，出动空军秃鹰军团50余架飞机对西班牙的格尔尼卡进行了长达3小时15分钟的战略轰炸，有1654人因此死去，889人负伤，财产、建筑等损失无计，有学者认为，此为人类历史上第一次战略轰炸。

第十章 重庆大轰炸受害诉讼的意义与最高法院四·二七判决

的日本人都抱有强烈的愤慨，同时也深感耻辱。

日本只有承担起战争责任，恢复同中国及亚洲其他国家的信赖关系，在各国国民的心底深处建立起携手共进的友好关系，才能构建永久的和平。法院进行公正的审理、公正的判决绝不会带来政治、外交以及经济方面的影响，而是实现纯粹的正义、完成自己的使命。人类普遍的正义只有一个，是在世界范围普遍追求着的。

日本人往往从广岛、长崎被投放原子弹，东京、大阪、名古屋等大城市受到空袭的视角，来记忆战争的残酷和和平的可贵。可是，仅仅从这一视角出发并非真正意义的追求和平，无视本国犯下的加害行为是不诚实的表现，不可能获得他国的共鸣，也不可能在国际社会得到尊重和声誉。

日本对中国重庆进行的 200 余次连续轰炸，被称作"战略轰炸"，其目标指向无辜的民众。美国攻击日本之时，不仅对东京、大阪等大城市，对地方中小城市也进行了无差别轰炸，给日本民众造成了极大的灾难，甚至投下了原子弹。现在，东京大轰炸损害赔偿的诉讼也正在进行。如果将重庆大轰炸受害的审判与东京大轰炸受害的审判视为同出一辙的话，那么同时进行中的审理将会更有意义，更有深远的现实意义。

被告日本政府在历次要求战后赔偿的诉讼中，如同顽石一般，无一不以"国家无答责"等传统的国际法排斥个人请求权，以《旧金山和约》《日中共同声明》中放弃了请求权，超过了时效或诉讼期限等为由驳回原告的请求。重庆大轰炸案件也是这样，被告日本政府的答辩书中仍然表现出上述态度。

同时，日本的法院除了一部分下级法院外，上一级法院总是站在维护日本政府的立场上，顽固地回避国家的责任。

可是，前述帕奈号事件案，是战争时期对"个人损失"进行赔偿的案例，所谓"国家无答责"的理论已经在处理国际问题上不适用。而且现在个人对加害国的诉讼权已然被承认，即使对象属于过去的案例，也不应排除现在的诉讼。还有，即使国家间达成了共识也不能剥夺国民个人的私权。

另外，关于时效及诉讼期限问题，依据各国制定的国内法驳回外国人的要求是没有道理的。概言之，只要本着公平正义的基本原则，上述那些姑息的法理都应在排斥之列。所以，有必要不断地向法院申诉，要求其对重庆大轰炸受害者予以谢罪和赔偿，务必实现人间之正义。

重庆大轰炸诉讼在中国人战争受害赔偿诉讼案中是最后提出的，而现在的局面最为严峻，所以，这场诉讼就站在了战争受害赔偿诉讼斗争的最前沿。

如前所述，2007年4月27日，日本最高法院对强掳中国劳工、西松建设公司强制劳动以及中国"慰安妇"的诉讼做出判决，裁定原告"失去对日本国或者法人的请求权、诉讼及上诉权"。

最高法院四·二七判决，是草率的不正当的判决。最高法院一律驳回了中国受害者起诉日本政府的权利，摆出拒之门外的架势，做出了明显在履行日本国策的政治性判决。日本司法屈服于政权的姿态，完全是闭目塞听！面对这样的状况，重要的是绝不能悲观，不能抱着"最高法院都判决了没指望了""案子是翻不过来了"等悲观想法，把对过去错误判决的愤慨，化为把眼下正在进行的新的诉讼进行下去的恒心。

《旧金山和约》战后处理框架的欺骗性

重要的是必须突破被告日本政府的主张，即最高法院四·二七判决中关于《旧金山和约》框架中的法理问题。

最高法院四·二七判决指出："日中战争中，中华人民共和国国民对日本国或法人的请求权，依据《日中共同声明》，丧失了上诉审判之权能。"可是，如后所述，从《日中共同声明》中却不能得出这样的结论。

最高法院称，不能认为"《日中共同声明》与《旧金山和约》

第十章 重庆大轰炸受害诉讼的意义与最高法院四·二七判决

框架意义不同",最高法院如此毫无意义地反复强调,却没有拿出任何根据。只是强调《日中共同声明》在法理上应服从《旧金山和约》,《旧金山和约》放弃了请求权,因此中国战争受害者也"丧失了上诉审判之权能"。这该是多么愚蠢而又荒唐的谬论,根本没有遵循历史,简直是欺骗性的判决。这里,有必要予以简单剖析。

首先,最高法院引用的所谓《旧金山和约》框架论究竟是什么?1951年9月,以美国、英国为首的同盟国,同日本进行和谈,为了结束战争状态,恢复和平,进行战后处理,缔结了《旧金山和约》。最高法院的判决书中表示,同盟国与日本签订的和谈(和平)条约在国际上具有重大的法律规范性之意义。

《旧金山和约》使用了"联合国"的字样,与对日作战的各同盟国不一致。《旧金山和约》是以美国为主导,加上英国的随帮唱影,所以,说它是美英与日本签订的个别条约更为合适些。打着和平的幌子和联合国的招牌,摆出了是有世界大多数国家广泛参加而签订的条约的样子,实际上,它只是美国根据自身的需要而签订的条约。

"联合国"放弃对日本的请求权,以此为条件,日本对其遭受的伤害也不得提出赔偿要求。关于日本对各国的加害损害,凡承认《旧金山和约》的国家,无论是政府,还是民众,都没有请求权,这就是《旧金山和约》放弃请求权的中心内容。相互间的战争,相互间要求战争损失赔偿是愚蠢之举,所以双方都放弃损害赔偿请求权,建立"信任和和解的讲和"。乍看起来,似乎是放眼未来;可是实际上,却是极其片面,是真正受到伤害损失的亚洲各国民众无论如何也难以理解和接受的非常不公正的条约。

最高法院搬出《旧金山和约》,把它视为具有普遍意义的国际性法律规范,作为处理战后问题的准则。事实上,加盟该和约的又是一些什么样的国家呢?《旧金山和约》是由美国制定草案,再与英国的提案折中而成的,美国没有允许同盟国中其他成员国参与对日和约草案的制定。

换句话说，1951年9月4日，完全由美国专断主导，在旧金山召开的对日和谈会议上，包括预备会议在内参加国没有参与任何讨论就于9月8日签订了条约。结果，日本与48个国家签了约。签字前的会议，虽然允许各国代表发表意见，但不允许提出反对意见或者修改提案，这是一种极其不民主的会议方式，美国始终把本国利益放在最优先的位置上，强行签字了事。

和谈会议召开前，美国的杜勒斯到菲律宾和澳大利亚斡旋，但是，和约草案的一条一款，并不是吸收同盟国成员国的意见而制定的。

签字国虽然有48个，表面上看似乎有很多国家，但对于日本加害最严重的亚洲和太平洋地区的国家，却限制了他们参加会议。

印度反对旧金山对日和谈，拒绝参加会议。朝鲜被认为没有参加会议的资格。特别是中国没有参加会议。参加会议的菲律宾、印度尼西亚等国家，后来实际上是日本超出了《旧金山和约》的框架，对这些国家进行了战后赔偿才得以实现和解的。

从根本上说，旧金山对日和约违反了"对日和谈必须同盟国一致进行"的同盟国的国际协定。

当时，围绕单独和谈还是全面和谈问题，日本国内也掀起了热烈的讨论。东京大学校长南原繁认为单独和谈是不行的，主张全面和谈（参考本书第二章）。可是，进行了美国与日本政府之间单独和谈的就是《旧金山和约》。进入冷战后，以苏联和中国为敌的美国对日和谈的前提是树立反共"自由主义"政治，建立日美军事同盟。所以，把日本拉入反共军事体制，缔结《日美安保条约》，这才是缔结旧金山"和约"的前提所在。因此，苏联从最初就与《旧金山和约》唱反调，虽然出席了旧金山和谈会议，但是拒绝签字承认。中国没有受邀参加，发自中国的多次警告、抗议和反对受到无视，美国采取了排斥中国的政策。

◆──── 第十章　重庆大轰炸受害诉讼的意义与最高法院四·二七判决

《旧金山和约》对中国没有效力

　　从以上不难看出，旧金山对日和谈是单独和谈，是片面的和谈。中国抵抗日本侵略战争的斗争是全面性的，时间最长，也是最大的受害国。将中国排斥在外而缔结的《旧金山和约》，是美国体制下的对日单独和谈。《旧金山和约》出台前后，中国政务院总理兼外交部部长周恩来曾5次发表声明，提出了严正抗议。

　　国家与国家之间的条约，当然是对缔结条约的国家有效。《条约法公约》明文规定，对没有缔结条约的第三国，条约不生效。中国正是第三国，尽管是有着最大利害关系的国家，但被排斥于外，放在敌对的位置上。因此，《旧金山和约》对于中国毫无效力，这是不言自明的。

　　中国反复强调和表明，"旧金山对日和谈违反了同盟国的国际协定，并公然将中国排斥之外，中国方面绝不遵从！"直到今天，中国仍然坚持这一立场。

　　中国的主张是有着法律依据的。从《联合国家宣言》发表起，以美国、英国、苏联、中国为中心相继缔结并发表了《开罗宣言》、《波茨坦公告》以及《雅尔塔协定》等共同宣言或协定。1942年1月发表的《联合国家宣言》，有美国、英国、苏联、中国、澳大利亚、加拿大、印度、荷兰等二十几个国家参加。1943年12月发表的《开罗宣言》，有美国、英国及中国参加。1945年2月，美国、苏联与英国三国缔结了《雅尔塔协定》。

　　接着，由美国、英国和中国发表的《波茨坦公告》，成为对日战争的最后宣言和战后处理宣言。这就是，为了终止日本在亚洲、太平洋地区发动的战争，联合国将集中各国的力量攻击日本，以求日本领导者彻底反省。并且要求日本必须归还自甲午战争、日俄战争以来占据的中国台湾、朝鲜等，日本从此不再发动战争，敦促日本无条件投降。

可是，《旧金山和约》完全脱离了经国际协议制定的《波茨坦公告》中所规定的战后处理框架，是以美国和英国自己国家利益为第一目的的条约。所以，我认为《旧金山和约》根本不对《日中共同声明》发生效力。

中国没有放弃个人赔偿请求权

关于《旧金山和约》放弃请求权问题，不仅日本政府持有这样的认识，一些国民也经常这样讲。在《旧金山和约》上签字的各国政府，在和谈的同时，不仅放弃了国家之间的战争赔偿等请求权，也放弃了国民的权利。因为和约的条文中写明，与日本缔结和约的各国以及国民放弃请求权利。

但是，《旧金山和约》的条文与《日中共同声明》的条文却有完全的不同，《日中共同声明》第五项条款明确记载："中华人民共和国政府宣布为了中日两国人民的友好，放弃对日本国的战争赔偿要求。"这里的"中华人民共和国政府"绝不意味着"中国国民"。而《旧金山和约》第十四条及第十九条的规定是放弃国家与国民的请求权，两者有根本的不同。另外，"放弃战争赔偿请求权"与"放弃赔偿请求权"又有明显的区别。《日中共同声明》中的第五项条款含有虽有请求权但暂时不行使之意。而且，《旧金山和约》规定相互间放弃请求权，《日中共同声明》则是中国方面"为了中日两国人民的友好"，单方面放弃战争赔偿请求权。

围绕《日中共同声明》进行双边交涉时，日本方面提出的文稿是："中华人民共和国政府为了中日两国人民的友好，宣布对日本国在两国战争期间的一切有关赔偿都不予请求。"这完全是照着《旧金山和约》中放弃赔偿请求权的内容，允许日本放弃一切战争赔偿责任的表述，拿这样的方案和中国协商。可是，中国方面没有同意。最后，在《日中共同声明》中使用了"放弃战争赔偿要求"的字样。

◆ ─── 第十章　重庆大轰炸受害诉讼的意义与最高法院四·二七判决

综上所述，最高法院的判决是如何的牵强就不言自明了。本来，损害赔偿请求权就是每个国民持有的个人权利。作为国民固有的个人权利，国家岂能代表国民随意放弃呢？如果国民将自身的请求权委托国家代办并出具了委任状，则另当别论。没有任何委任状，国家可以随意放弃每个国民的个人权利吗？这是值得思考的问题。

在《旧金山和约》签订之际，荷兰声称国家不能放弃每一个国民的权利，表现出很强的为难之色。最终虽然在和约上签了字，但之后还是表示，不能放弃国民的权利，国家不能随意行使代理权，又与日本进行了个别交涉，签订了两国间的协议。依此，日本向荷兰支付了相当数额的赔款。

任何政府都不能随意放弃个人请求权

战争时期，日本犯下种种残暴行径，如"慰安妇"问题、南京大屠杀、731部队细菌战，以及强掳劳工、强制劳动等，对中国人民犯下了数不尽的难以启齿的反人道行为。

对这些反人道行为的损害赔偿是绝不能免除的，国家也不能随意地剥夺这种权利，这是原则问题。在国际法的法源根据上，1949年就有战时保护平民的《日内瓦公约》，虽然是在战争结束后缔结的，但这一原则已经成为国际惯例法。

法院在对这些反人道行为判断损害赔偿请求权时，应意识到这是今天的审判，而不是过去的审判，最高法院理应遵循《日内瓦公约》的原则解释，但是，最高法院却无视该原则。

最高法院的判决对《日中共同声明》是否属于条约性质的看法可以暂且不顾，这是两国间形成的协议，法院方面至少也应该咨询一下中国方面的解释，倾听中国方面的意见。然而，最高法院却什么也没有做，只是单方面地基于日本的利益随意做出判断，这是不能允许的。结果，最高法院囫囵吞枣似的采纳日本政府的说法，做出了判决。

另外，日本政府对《旧金山和约》的请求权放弃做出了有利于自己一方的解释，而且根据需要不停地变换解释。

至不久前为止，所谓放弃国民的请求权，只不过是指放弃外交保护权。即放弃外交保护权，并不等于放弃国民个人的权利，国民个人的权利并没有丧失。同时意味着，国民行使各自权利提出赔偿请求时，政府不会予以协助。

1999年，在美国发生了一起个人要求战争赔偿的案例，日本政府向美国政府表示，政府已经放弃了国民的请求权，请美国政府放心。于是，美国法院按照美国与日本政府的协议判决原告败诉。如今，日本政府却对历来的主张来了一个180度的大转弯，搬出《旧金山和约》，声称包括个人请求权在内的所有的请求权均已放弃。

最高法院四·二七判决也站在这一基本立场上，玩弄诡辩术，声称依据《旧金山和约》放弃请求权一项，虽然不能说国民已经丧失了请求权这一权利，但是国民失去了诉讼于法庭能够要求实现请求的诉权，因此，法庭不承认损害赔偿请求。

最高法院为什么袭用政府的强调，做出如此冷酷的判决呢？对此必须予以严肃的批驳。最高法院无视三权分立的原则，站在只让日本政府胜诉的立场上做出判决。而且，对中国人提出诉讼的所有案件一律予以驳回，完全是露骨的国策司法的判决。

这一切都是政治判决，而不是司法判决。民主主义的基本原则以及宪法的大原则是三权分立，法院应该不管政府说什么，而是凭着良心和法律，做出正确的就是正确的、错误的就是错误的判断，这才是三权分立的司法使命。可是，一连串的判决都是出自政府的论调，对于此类国际性的历史事件，最高法院一概把"日本的国家利益"放在第一位，实在是毫无情理可言。

那么，对最高法院四·二七判决，能够容忍被告日本政府那些荒谬的主张吗？我们必须对请求权做出独立的判断。重庆

第十章 重庆大轰炸受害诉讼的意义与最高法院四·二七判决

大轰炸诉讼审判中，我们就重视了这一问题，严正要求日本政府对放弃战争赔偿的国民请求权的含义做出明确的解释。实际上，最高法院四·二七判决的主张与日本政府也是有所不同的。所以请政府解释，国民的请求权是在实体上已经消灭，还是如最高法院解释的那样，请求权的实体并没有消灭，只是丧失了诉权。

另外，政府方面主张，依据《日华和平条约》[①] 战争赔偿问题已经解决完毕，最高法院四·二七判决认为，"《日华和平条约》缔结后，不能适用于'中华民国'支配外的中国大陆，当然对居住在中国大陆的居民不发生效力"。即不承认政府方面对《日华和平条约》的主张。那么，日本政府是继续维持根据《日华和平条约》战争赔偿问题已经完全解决的主张呢，还是主张依据《日中共同声明》解决，这个问题也要求政府予以解释说明。

今后决意推翻法庭判决

我认为，推翻最高法院四·二七判决并不是十分困难的事情，我们绝不放弃，决心今后做出更大的努力。

中国政府出于对日本外交关系的考虑，处理事务很是谨慎。但是，无论中国政府的意向如何，让中国人战争受害者停止要求损害赔偿的诉求活动是不可能的。在中国土地上生活的13亿中国人，对日本最高法院的上诉判决不会轻易地就接受下来。中国人的父母一辈、祖父母一辈会把自己亲眼所见的悲惨遭遇告诉下一代。或者那些直接遭受过战争伤害的70岁、80岁以及90岁的老人们，不仅要把自己的亲身经历讲出来，而且他们曾经亲眼看见自己的亲人死于非命；自己的兄长、父亲被日本强掳到日本强制劳动；自己或

[①] 《日华和平条约》即《旧金山和约》签字后，日本与台湾蒋介石当局签订的日台条约，《中日联合声明》签字后宣布废除。

自己的姊妹被强制充当"慰安妇",遭受过种种苦难和辛酸,这一切悲惨的遭遇绝不会被忘却。

最高法院的判决指出,个人不是没有请求权,尽管法院不能依请求的那样判决,但个人的请求权利是客观存在的。因此,判决书中提议,加害企业应主动地对受害者予以谢罪和赔偿。为了让西松建设公司根据最高法院的判决有所行动,2008年4月19日,"西松建设诉讼·实现最高法院判决劝告之会"成立,我是发起人之一。

但是,这并不等于可以推卸司法的责任。虽说一部分加害企业采取了一些和解的举动,但是,国家依然认为不需要什么和解,战后赔偿问题早已解决,其态度没有任何改变。从受害者的角度,只要被告日本国家和加害企业不主动去面对受害者,诉讼就要进行。然而,接受诉讼委托负有重要责任的法院却拂袖而道:"我这里不判决,请你们自发地赔偿好吗。"这种不负责任、自相矛盾的做法,充分说明今日之司法完全放弃了自己的使命。我坚信这种荒谬的判决不会持续长久。

虽说是最高法院的判决,但只是最高法院小法庭的判决。① 说只是小法庭判决,也许有些失礼,但是从其不像样的内容看,绝不应该就这么成为判例影响后来的判决。

我曾担任利息限制法事件的诉讼辩护,看到大法庭的判例也是不到两年就修订了。明显地充满了谬误的小法庭判决,要相信是有可能在大法庭上推翻的,必须进行法庭斗争。重要的是,下级法庭能够做出推翻最高法院四·二七判决的判决,我期待增加这样的判决并为之努力奋斗。

2008年7月7日,第七次法庭辩论后,我在律师会馆的集会上指出:

---

① 最高法院判决有小法庭判决和大法庭判决之分。前者一般由5名法官组成;后者由最高法院全体法官15名组成,对重大、特殊案件进行判决。最高法院的判决,特别是大法庭的判决具有判例的作用,即会影响其后的相关案件及低级别法院的判决。——原注

第十章　重庆大轰炸受害诉讼的意义与最高法院四·二七判决

原告诸位，旁听诸位，我在这里由衷地向诸位表示谢意。

关于重庆大轰炸事件，大半的日本人可能会说这已经是70年前发生的事了。遗憾的是，这就是日本人的认识。可是，对于大轰炸的中国受害者而言，尽管等了60年、70年，日本政府还是毫无作为，确实是一个无情义的政府。

要维护世界和平，首要的是加害者彻底反省和谢罪，发誓不让战争重演。日本是一个既经历过加害又经历过受害的国度，但对于亚洲的受害者而言，日本是加害者。但是，日本却没有从加害者的立场对受害者采取任何措施。

日本政府如此怯懦、愚昧、难堪以及无情的态度，遭到世界各国的谴责。联合国等国际组织早在10年或15年前，就对日本的战后处理问题反复多次地予以谴责和规劝。然而，日本政府完全无视这一切，摆出一副佯作不知的姿态，真是铁面皮，日本不应该是这样的民族。

只有彻底明确加害事实及受害事实，才能实现世界和平。历史的事实是抹杀不了的，要坚持追究下去。

即使是在战后赔偿审判中，日本的加害行为及加害事实在法庭审理上也不大被问及了，此次重庆大轰炸诉讼，是逆转去年最高法院四·二七无情判决的一次极为重要的诉讼。

今后，希望诸位继续给予有力的声援，借此集会之机向诸位表示感谢。

最高法院四·二七判决后，坦率地说，重庆大轰炸的诉讼审判结果不容乐观。但是，我们不能失望，应确信并竭尽全力去争取最后的胜利，尤其是，我对每一位年轻人寄予深深的期待。

结　语

　　我生来就血气方刚，如今已近暮年还是没有改变。作为理解我的人生之参考，在这里想说明一下我的名字。"公献"，看上去好像不过是无视语法又没有什么具体含义的两个汉字。我是继5个姐姐之后出生的长子，起初被取名"公一"。但是，父亲在去芝区役所报户口的路上，突发奇想，无论如何想在我的名字中取他的名字"献吉"中一个字，所以便瞒着其他家庭成员填写了"公献"报了上去。后来上幼儿园，老师喊我名字时叫"土屋公献"，这样，家人才知道真相闹了起来。就"公"字而论，无论是作为抽象名词的"公共"，还是"公益"，只有"献公"才在语法上说得通，而"公献"却是不通了。但是后来人们还是理解成"贡献于公的律师"，称是个好名字，的确这种意识似乎一直萦绕在我的内心深处。

　　我是一名日本人，当然也想持有日本人应有的自豪。可是，扮演着无情、无耻角色的日本政府，对于本国军队过去所犯下的极端非人道的行为，尽管是不容置疑的历史事实，却采取了否定的态度和拒不谢罪的厚颜姿态。自诩为精英的外务省官员，对来自国际社会的屡屡批评和劝告无动于衷。不能不说，他们是在耍一些小聪明，完全缺乏应有的道德。

　　任何国家都会多多少少地美化自己国家的历史，以便照耀辉煌

结　语

的未来，但是，那应该是有限度的。日本对亚洲的侵略，是记忆和记录都可以见证的不容否定的历史事实，是不容抹杀的。不正视过去，日本就不会有未来。同样，美国如果对广岛、长崎以及其他城市所进行的无差别轰炸置之不理，也不会有未来。

唯有战争加害国对受害者真诚地反省和谢罪，发誓不再发动战争，才是持久和平的绝对条件。

日本一家网站在人物评论栏中，说日本律师联合会的会长应该站在中立的立场上，可是我的思想和行动都偏离了这一点。这是完全没有道理的话。其实，这家网站完全没有理解日本律师联合会的使命和存在的意义。日本律师联合会是一个为了人权、和平和社会正义，必要时不惜与国家权力进行斗争的有组织的自治团体。如果像这家网站说的那样，忘记自己的使命，保持所谓的"中立性"，那么，他们所希望的，不过是让日本律师联合会会长成为一个名誉职务而已。以会长为中心的职业律师团结一致，为了和平而斗争，这才是日本律师联合会应有的姿态。

关于已经成为我毕生事业的战争赔偿问题，20 世纪 90 年代末起步的 731 部队细菌战诉讼至 2007 年 5 月已由最高法院做出判决，目前我又为重庆大轰炸诉讼立于东京地方法院，事业未竟，而如今我已是病魔缠身，且屈指数来已经是八十有五的高龄了。

近来，我是在妻子的照料下送走每一个日夜的。回想起来，我的人生从娶妻开始翻开了新的一页，有时妻子会给我一些体贴的劝阻，但更多的是夫妇同心拼搏。前年，在金婚仪式上，我说："如果有来世，我还要娶你为妻。"妻子却不软不硬地回了一句说："我也有选择的权利呀！"我想，妻子的内心可能不是那么想吧。如果妻子看到这本书，哪些地方说得过了，怎样表达才更加稳妥，或许还会给我一些建议吧。

对这样一本自以为是的小书，我想即使赠送于人也许都不会引起别人的兴趣，所以委托印刷和装订等时都多有顾忌。可是，一起为战争受害赔偿诉讼奋战至今的律师团事务局局长一濑敬一郎律师及许多同人积极协作，把我过去的讲演或刊载在杂志上的文章加以整理归纳。其中，三角忠、斋藤纪代美、元永修二等负责企划和设计，谷川透进行了仔细的校正，牛越国昭负责全书的编辑，在此，我对各位表示深深的谢意。

荒井信一教授为本书写了序言，他是我在静冈旧制高中时代的挚友，多年来积极致力于战后赔偿运动，并以其广博的历史学知识给了我许多指导，惠我良多。

现代人文社社长成泽寿信畅快地承诺出版此书，并不厌其烦地听允我的要求，终使此书问世，借此谨致谢忱。

土屋公献

2008 年 7 月 7 日

卢沟桥事件纪念日

重庆大轰炸第七次法庭辩论日

附
土屋公献反战之歌[*]

1. 身临战阵何以忘,
   凄惨愚状告后人。

2. 复仇爆声缘何故?
   法庭岂能洞察明。

3. 张扬正义帜,
   翼下夺命弹。
   妇幼凄楚泪,
   人间地狱现。
   (阿富汗、伊拉克)[①]

---

[*] 此处附有作者十几首以反战为内容的诗歌,借以抒发作者反战和平的心愿,这些诗歌多采用日本俳句的格式,即上五、中七、下五的"十七文字",又称十七音。俳句脱胎于和歌,最早使用"万叶假名",一个汉字代表一个音,所以又称"三十一文字",即三十一音。对于日本俳句或和歌的翻译,国内常翻译成古体五言诗或七言诗形式,或两句,或四句。此外也有翻译成白话诗。译者才疏学浅,只依原诗内容意译而已。

[①] 括号是作者附在诗后的提示,下同。

4. 朕即法！
   朕即力！
   路易王狂语，
   今又闻。
   （布什）

5. "罪恶轴心国"，
   声高瞒世人。
   腹内藏祸心，
   意在地下"金"。
   （布什）

6. 岂容颠覆世界史，
   更怒恣意乱暴行。

7. 吾乃一"公仆"，
   海外皆吾奴。
   不肯臣服者，
   驱兵伐战临！

8. 汝等高唱美国恩，
   何以面对亚洲恨？

9. 鬼子变英灵，
   膜拜甚虔诚。
   彷徨屈死魂，
   何以凭吊哉？

10. 昨昔罪孽尚未省，

箭矢又指东比邻。

11. 绑架风波涌，
    民心愤不平。
    可忆烽火日，
    强掳俘虏兵？

12. 蛊惑"自豪"心，①
    为掩罪恶史。
    纸里欲包火，
    自夸无根基。
    （歪曲历史）

13. 军不保黎民，
    驱至异国域。
    靖国充祭牲，
    恶魔罪孽深。
    （满洲开拓民、冲绳等）②

14. 誓言有事不动武，
    今来谁念此言铮？
    （吉田茂——自民党）

---

① 日本右翼保守派学者通过篡改历史教科书，鼓吹激发青少年对日本历史的"自豪"，还利用反动电影《自尊》攻击东京审判等，极力美化日本的侵略战争历史。
② 这首诗表达了作者对日本军阀的痛恨心情。战争时期，日本出台满洲移民政策，驱动几十万普通农民侵入中国东北，日本投降后又弃之不管，造成日本移民的悲剧。"冲绳"指美军攻击冲绳时，日本军方驱使当地民众上阵，甚至逼迫无辜民众（包括妇女儿童）与军人一起自杀（或将其枪杀）。

15. 若接征兵招募令，
    切勿受命杀人行。

16. 三权趋同赚百姓，
    宁抛老骨誓奋争。
    （行政、司法、立法不作为）

17. 自喻堂吉克德氏，
    正义血涌不停歇。

18. 老骥伏枥日，
    余生赍志行。
    为了和平愿，
    何惜奉此生。

图书在版编目(CIP)数据

律师之魂 /(日)土屋公献著;王希亮译. —北京:社会科学文献出版社,2015.11
（中日历史问题译丛）
ISBN 978 - 7 - 5097 - 8132 - 6

Ⅰ.①律… Ⅱ.①土… ②王… Ⅲ.①日本 - 侵华 - 历史 - 研究 Ⅳ.①K265.307

中国版本图书馆 CIP 数据核字（2015）第 232724 号

·中日历史问题译丛·
律师之魂

著　　者 /	〔日〕土屋公献
译　　者 /	王希亮
审　　校 /	聂莉莉
出 版 人 /	谢寿光
项目统筹 /	徐碧姗
责任编辑 /	徐碧姗　邵璐璐
出　　版 /	社会科学文献出版社·近代史编辑室（010）59367256 地址：北京市北三环中路甲29号院华龙大厦　邮编：100029 网址：www.ssap.com.cn
发　　行 /	市场营销中心（010）59367081　59367090 读者服务中心（010）59367028
印　　装 /	三河市尚艺印装有限公司
规　　格 /	开　本：787mm×1092mm　1/16 印　张：14.75　字　数：199千字
版　　次 /	2015年11月第1版　2015年11月第1次印刷
书　　号 /	ISBN 978 - 7 - 5097 - 8132 - 6
著作权合同登 记 号 /	图字 01 - 2015 - 6819 号
定　　价 /	55.00 元

本书如有破损、缺页、装订错误，请与本社读者服务中心联系更换

版权所有 翻印必究